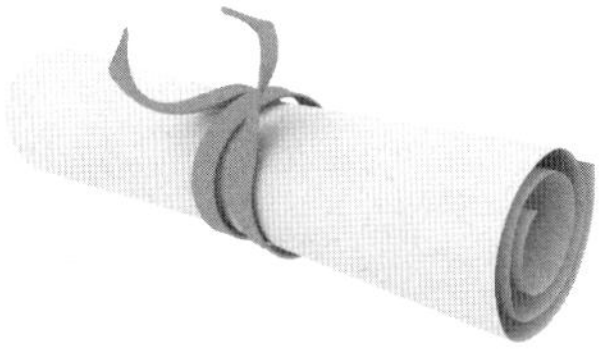

黄埔风云榜

Huangpu Popularity Ranking List

HUANGPU POPULARITY RANKING LIST

陈明仁（1903—1974），湖南醴陵人，少年早慧，7岁入私塾，13 岁娶妻，21 岁入黄埔，如蛟龙入海，猛虎下山，东征陈炯明，23 岁一战成名，血战桂南，肉搏昆仑山，远征缅甸，带兵有方，用兵如神，一代将星熠熠生辉，……，四平之役，“撒豆成兵”；通电起义，和平解放长沙；湘西、广西剿匪，成为共和国上将。

他一生征战沙场，几乎从未吃过败仗，堪称军事天才，被蒋介石倚重，也被毛泽东推崇。东征之际，张弓便初露锋芒，身背战旗第一个登上惠州城头与敌人贴身肉搏，庆功会上蒋介石带头高呼：“向陈明仁看齐！”

抗日时期，陈明仁跃马滇西，驰骋疆场，夺取昆仑关，围攻松山，击毙日本“战争之花”松井一部，出击龙陵，收复腾冲，亲临督战，一日拿下回龙山，被盟军将领赞为“军事指挥艺术的杰作”，威名远播四海。

从牛娃到黄埔名将，从农家子到共和国上将，一代名将，两个战场，千秋功过，任人评说，而传奇的人生，传奇的爱情，却是一个不变的永恒。

黄埔名将陈明仁

HUANGPU POPULARITY RANKING LIST

李 祎◎著

人民东方出版传媒
東方出版社

责任编辑：孙兴民
装帧设计：史宪罡
版式设计：东昌文化
责任校对：张　彦

图书在版编目（CIP）数据

黄埔名将陈明仁／李祎著．－北京：东方出版社，2014.1
（黄埔风云榜系列）
ISBN 978－7－5060－5547－5

I.①黄…　II.①李…　III.①陈明仁（1903～1974）－生平事迹　IV.①K825.2

中国版本图书馆 CIP 数据核字（2012）第 250839 号

黄埔名将陈明仁
HUANGPU MINGJIANG CHENMINGREN

李　祎　著

东方出版社　出版发行
（100706　北京市东城区隆福寺街 99 号）

保定市北方胶印有限公司印刷　新华书店经销

2014 年 1 月第 1 版　2014 年 1 月北京第 1 次印刷
开本：710 毫米 ×1000 毫米 1/16　印张：17　字数：220 千字

ISBN 978－7－5060－5547－5　定价：36.00 元

邮购地址 100706　北京市东城区隆福寺街 99 号
人民东方图书销售中心　电话（010）65250042　65289539
发行电话（010）65210059　65210060　65210062　65210063

黄埔名将陈明仁
HUANGPU MINGJIANG CHENMINGREN

目 录
CONTENTS

绪 论
南望湘云是归程

于右任先生曾泣血写下《望大陆》一诗:“葬我于高山之上兮,望我大陆。大陆不可见兮，唯有痛哭！葬我于高山之上兮，望我故乡。故乡不可见兮，永远不忘。天苍苍，野茫茫，山之上，国有殇。”此诗虽是写于海峡对岸，表达的却不仅仅是对岸游子的一片赤诚之心。无论身在何处，炎黄子孙一脉相承，蕴含在文化中的精神是永远相通的。叶落归根，是中华儿女永恒的赤心。这哀感顽艳的诗句曾使多少爱国志士黯然泪下，这种对故国家园的眷恋不仅可以扩展到海峡两岸一代黄埔人“无日不有怀乡之感”的实况，也恰切地道出了每一个远离故土的游子的心声。

2009 年 8 月 2 日，陈明仁将军的骨灰由其长子护送，从北京八宝山革命公墓迁回了湖南岳麓山，与原配夫人谢芳如合葬在一起。在阔别了故乡 35 年后，将军终于得偿遗愿，魂归故里。战罢征程，硝烟远逝，麓山有幸埋忠骨，翠柏无声伴英灵，恰应了当年陈明仁将军率部起义、和平解放长沙以

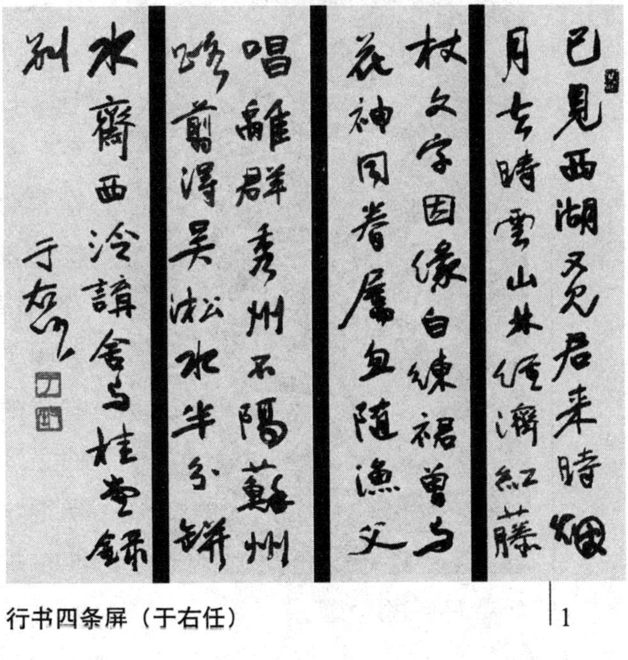

行书四条屏（于右任）

后，毛主席贺电中的一句“义声昭著”，“南望湘云”。当年乃是陈明仁将军在历史的关键时刻作出的正确选择，高举义旗回归了人民群众的怀抱，如今是忠魂永驻潇湘，回到了魂牵梦绕的故土，回到了自己的精神家园。

一、一辈子带兵的将军

20 世纪初叶，军阀割据，民不聊生，这是中国历史少有的变乱时代。正道是乱世出英豪，有志之士在兵荒马乱之中、兵连祸结之时抓住历史的机遇，历经磨难、大浪淘沙终得横空出世。有志青年纷纷投笔从戎，或者弃商从军，或者从农民到军人，或者从学生到士兵……他们从各行各业进入军队这个特殊的群体，在枪与炮的洗礼中成长，在血与泪的弥漫中成熟。长剑经励磨，沧桑终历尽，时代的风云际会成就了一代勇者云集、横刀立马的英雄人物，在历史上留下了清晰的身影。陈明仁就是其中格外浓重、令人过目难忘的一笔。

兵荒马乱的中国

陈明仁，字子良，1903 年 4 月 7 日出生在湖南省醴陵市洪源乡一户普通的农民家庭，少年聪慧早熟，8 岁入私塾，11 岁进入新式学堂接受当时流行的新式教育，14 岁为给重病的母亲冲喜娶妻谢芳如，翻开了他人生中代表成年的新篇章。而陈明仁思想的独立则是从他 1920 年考入长沙兑泽中学开始，虽然是第一次走出湘东那座闭塞的大山，来到繁华热闹的省城，但是上心的却不是这城市的灯红酒绿、车水马龙。伴着那橘子洲头湘江东去，映着那麓山枫林红叶似火，陈明仁刻苦攻读，博览群书，接触到了鲁迅的《孔乙己》、《药》，胡适的《文学改良刍议》等进步文艺作品，感受到了那个风雨如磐的年代里不断兴起的政治革新浪潮，受到了中国新文化运动和五四运动文化新风的熏陶。“国家兴亡，匹夫有责”，两年后结束学业回到白兔潭祠堂小学担任教员的陈明仁，已经不能满足于这份岁月静好。他深感国家的前途命运与个人的命运紧密相连，虽身逢乱世，却慨然有天下志，在那份国恨家仇底下，是青春作伴、行走江湖的烂漫朝气，是“枪在肩，刀在腰，热血似狂潮”的满腔赤诚。

1924年春，陈明仁冲破阻挠，投笔从戎，考入军政部讲武学校，不久以后又如愿进入黄埔军校。从此，正是猛虎下山，蛟龙入海，他东征陈炯明，血战桂南，肉搏昆仑关，远征缅甸……留下了一场又一场的精彩战役。解放战争开始后，陈明仁将军深明大义，和平解放长沙，让三湘老百姓免于战火涂炭，功垂千秋。解放以后，当毛主席询问陈明仁将军愿意从政还是治军时，将军浓眉一挑，朗声答道：“我是军人，军人以服从为天职，如果让我选择，我愿意带一辈子兵。”此后便慨然率部进入湘西、广西剿匪，还人民一片碧水蓝天。和平年代又移师湛江，镇守祖国南大门。终其一生，共和国上将陈明仁恪守一个军人的职责，在有限的人生中展示了自己的军事天才，成为一代熠熠生辉的将星。

上将陈明仁

二、生我者父母，育我者黄埔

成功自然离不开个人能力和对机遇的把握，但培养人才的沃土也同样不可或缺。近代史上，我们无法淡然遗忘黄埔军校，这个当时与美国西点军校、英国桑赫斯特皇家军事学院以及俄罗斯伏龙芝军事学院并称为世界“四大军校”的地方，为中国培育了一代又一代的军事人才，这是国共第一次合作的杰出产物。纵观历史，绝大部分活跃在中国军事领域的良将帅才均从此地出身，“黄埔三杰”、“黄埔四巨头”、“八大金刚”、“红色黄埔系”等响亮的称号蜚声一时。一个个初涉人世、怀抱理想的青年就在这里成长为一代叱咤风云的军事人物。共产党有之，国民党亦有之。1955 年中国人民解放军授军衔时，直接出自黄埔学生的就有元帅 5 人，大将 3 人，上将 8 人，中将 9 人，更遑论与黄埔颇有渊源者之众，在国民党中高官良将就更不计其数了。从东征北伐到十年内战，从抗日战争到二次国共内战，黄埔军校的师生都是双方历史的主角、领导和中坚。他们既有师生之情、同窗之谊，又有阶级之别、党派纷争，既有携手讨逆、浴血抗战的光辉业绩，也有兵戎相向、同室操戈的恩怨情仇。在中国人民追求民族独立的征程中，黄埔军校绝对是不能绕开的一页。曾有一位日本军事评论家评论道：“日军的失败，就在于中国军队有 20 万黄埔军官的指挥。”此言

黄埔军校旧址

足证黄埔军校不可取代的历史地位。

在人类军事史上，也很少有一个军校能像黄埔军校那样，在那么短暂的时间内，对一个国家的历史和命运产生那么巨大的影响：黄埔军校不仅在国家动荡、民族衰微的年代，聚集了当时最优秀的有志青年投身复兴中华的大业，成为中国军事走向现代化的裂变之源，还随着岁月的流逝，成为和平年代两岸同胞交流、国家统一的情感纽带。从那珠江畔的长洲岛上走出来的无论是人中龙凤还是乱世枭雄，“生我者父母，育我者黄埔”，这句话大概道出了他们共同的心声。陈明仁，便是黄埔这座大熔炉中铸造出来的一把利剑，自从东征发出惊天一击以后，光芒愈盛，当者披靡，成为中外驰名的骁勇虎将。

三、一代名将，两个战场

在中国人民解放军的第一代上将中，有这样三位特殊的人物：陈明仁、陶峙岳、董其武。他们都曾是蒋介石的爱将、解放军昔日战场上的对手，民族危难之时他们都曾与日本侵略者浴血奋战，解放前夕率部起义、为共和国的诞生作出了不朽贡献。正如毛泽东所言，党派不同导致各为其主，就像各划各的船，都想划赢，原是正常之理，重要的是在关键的历史时刻作出了正确的选择，为国家民族、为百姓苍生谋得了福祉。陈明仁传奇的一生尤其具有代表性。

陈明仁一生南征北讨，战功卓著，不仅自己作战勇猛机智，果敢多思，而且带兵有方，用兵如神，几乎从未吃过败仗，蒋介石和毛泽东都对他推崇备至，堪称军事天才。他东征张弓便初露锋芒，在惠州之战中身背战旗第一个登上城头与敌人贴身肉搏，庆功会上蒋介石亲发口令，吹三番号向陈明仁致敬，还带头呼口号：“向陈明仁看齐！”自此，年仅 23 岁的陈明仁一战成名。不久又在北伐战争中频频亮剑，以少胜多，大败石友三。抗日战争狼

陶峙岳在新疆省人民政府和新疆军区成立大会上讲话

烟乍起，陈明仁跃马滇西，驰骋疆场，夺取昆仑关，围攻松山，击毙号称“战争之花”的日本人松井一部，亲临督战，出击龙陵，收复腾冲，阵前立下军令状，一天之中攻克回龙山，盟军将领交口称赞回龙山之役是“一部军事指挥艺术的杰作”，陈明仁也被联军视为“杰出的中国名将”，威名远播四海。国家民族危难之时，陈明仁与当年的黄埔同学一起义无反顾奔赴战场，披肝沥胆，屡建奇功，共同书写了荡气回肠的壮丽篇章，尽显黄埔忠魂。日本投降后，陈明仁在危难中受命，以两万残部与林彪麾下十万人军在四平血战十八昼夜，双方伤亡惨重，林彪欲化四平为“东方马德里”的初衷在“陈明仁防线”的坚守下化为泡影。四平之战陈明仁再次重现了以少胜多的战场神话，却也铸下了令他终生后悔莫及的大错。四平防卫战之后，不仅国民党上下为之一振，蒋介石亲手为他佩带上一枚国民党政府最高级别的青天白日勋章，林彪手下的骁将也评价陈明仁“是员悍将，是头狮子”，就连毛泽东也在日后亲口对陈明仁作出“我看林彪打仗就不如你”的评价。陈明仁“能战之将”、“骁勇之将”实非浪得虚名。

无巧不成书，陈明仁在国民党和共产党的经历刚好都是二十五年，但是这半个世纪的命运却是大相径庭的。陈明仁在毛泽东这里是求贤若渴、难得一遇的将才，在蒋介石那里虽亦颇得倚重，却也是令蒋爱恨交织的人。照理说来，黄埔一期的陈明仁相貌堂堂、勇冠三军，又很得蒋介石器重，曾经一度成为黄埔初期升迁最快的将领，应当一路青云直上才是，为何在1949年通电起义前夕，还只是个中将、远远落后于与他同期的其他黄埔生呢？原来陈明仁一生痴迷军事，不问政治，又天性倔强，桀骜不驯，他不善钻营，亦不会逢迎拍马，却又恃才傲物，敢于耿直犯上。惠州之战后他不弃糟糠之妻，敢于拒绝宋美龄做媒的婚事，“军装事件”他敢于直闯“龙宫”与蒋介石针锋相对。多次的冲突使蒋介石既赏识、需要陈明仁，又害怕不能驾驭、控制他，再加上“木秀于林，风必摧之”的定律，陈明仁屡屡受到以蒋介石为首的国民党军政要人的猜忌和嫉妒，每每只有在最困难的时候才会想起尚有陈明仁可用。“千古江山，英雄无觅孙仲谋处”，国民党拥有了陈明仁这样堪比仲谋的“能战之将”，却不能加以善用。在两军交战、瞬息万变的战场上，陈明仁“撒豆成兵”、所向无敌，出生入死、战功赫赫，堪称一代名将；但却在仕途这个“战场”上头破血流、郁郁不得志，宦海浮沉几十年，数度面临一手拿勋章一手拿撤职令、甫一加官

四平烈士墓

从1946年3月至1948年3月，东北民主联军与国民党军队在四平先后进行了四次浴血鏖战，四战四平，以其残酷、惨烈而著称于世，东北民主联军共两万余人献出了宝贵生命，由此，四平城被誉为“英雄城”。

程潜、陈明仁在长沙起义时留影（1949年8月）

即被革职的尴尬场面。这种巨大的反差和不断被利用、欺骗的伤害，竟然使陈明仁这个从枪林弹雨中杀出重围也不曾变色的硬汉万念俱灰，一度轻生。未曾哭过长夜的人，不足以语人生。仕途失利、功臣遭戮的残酷现实使陈明仁看破了国民党官场尔虞我诈、虚伪专横的本质，连年内战，民不聊生更使他看清了蒋介石假民主、假和平的虚伪面孔。1949 年 8 月 1 日，陈明仁和程潜在长沙通电起义，宣布脱离国民党集团。李宗仁听闻此事叹息道："可惜一个党国元老，一个国军名将，被老蒋逼得走投无路，真是树未倒，猢狲就散了。"

四、千秋功过，后人评说

历史充满了刀光剑影的鼓角争鸣、云谲波诡的政治博弈，无论是帝王将相，还是布衣百姓，终究都是连接这历史长卷中的结点。城头变幻的大王旗挥过来舞过去，其实都是历史的不同面孔。你不知道大河的底下是如何的暗流涌动，就像不知道历史什么时候就会来一个转弯。在一个个特定的历史空间里，在那起伏沉淀的岁月里，忠奸、善恶、正邪在同时上演。那些逝去的人与事，那段纷繁复杂的历史，会由于政治文化的背景不同，而模糊它们本来的样子。如何拨开历史的烟云、还原一段真实的历史，如何去评说那些血泪铸就的悲欢离合，是浓墨重彩地书写还是轻描淡写地点

毛泽东与陈明仁在天坛合影（1949 年 9 月 19 日）

染，这是需要有大智慧的。陈明仁这样一个横刀立马、叱咤疆场的将帅，他究竟如何从湘东某个闭塞山区的放牛娃成长为国民党的高级将领？如何从黄埔名将到共和国上将？如果他的人生是一幅近代中国史上的战事图，我们该如何去燃起那处处烽烟、框出那战线绵延？他戎马倥偬、风云变幻的一生，政治角色的逆转和党派立场的"跨度"，都和那个风起云涌、波澜壮阔的年代一样，让人唏嘘，让人感叹，也留下了无尽的思索。太多的传奇和秘密，不如留与一颗澄明的心去慢慢解读吧。

第一章
自古英雄出少年

第一节　罗霄山脉育英才

1955 年 9 月 27 日，中南海怀仁堂。

顶灯雪亮，墙壁淡白，椅子、桌子各类家具，连门都是深棕色，给人一种静谧、大气的感觉。这一天，朱德、彭德怀、林彪、刘伯承、贺龙、陈毅、罗荣桓、徐向前、聂荣臻、叶剑英穿上了

最笔挺的军装，挺胸收腹站立一排，面色凝重，等候着毛泽东主席来授军衔。毛主席步履缓慢走到了元帅们的面前，依次为十人授予元帅勋章，握手、军礼，历史在此时定格。这不仅仅是一个庄重的时刻，而是一个具有时代意义的焦点时刻，从此中国历史上有了十大元帅。随后由周恩来总理发布命令，授予粟裕等 10 人大将军衔，从此中国有了十大将军。同日，中央军委专门发出电报文稿，并通过国务院举行的将官授衔典礼大会，公布授予了 1028 名中国人民解放军高级军官以将官军衔的命令。这其中包括上将 55 名，中将 175 名，少将 798 名，开辟了中国新的军衔制度。

上将 55 名，个个出生入死，战功累累。这其中有三个特殊身份的人，他们原是国民党的高级军官，但是现在却容光焕发地站在解放军的高级将领队伍里，他们就是陈明仁、陶峙岳、董其武。当上将的军衔挂上左胸的时候，三个人的心里感慨万千，这时候陈明仁做了一个小动作，深吸一口气，骄傲地挺了挺胸膛。正是这个微小的动作，让人捕捉了他内心中的一些感受。从 21 岁参军，历经百战，英勇起义，他走过的是怎样一条艰辛的道路啊！看着胸前的勋章，想起烽火的过往，他无悔自己的选择，想到这里，他微微地笑了……

一种生生不息的文明往往与它所发源的地域有着深重而密切的关系，并且会像一脉相承的精神脊梁一样，被生长在这片土地上的子民一代又一代地延续下去，深入骨血，孕育出一方人独特的文化性格。

"'湘江北去，橘子洲头，看万山红遍，层林尽染……'在充满秋枫般血色的湖南人眼里，山再高再大也是细浪与泥丸，峰再峻再峭也是湖州与滩头。古人曰:'山不在高，有仙则灵。'湖南的山不高，且很难觅见'神踪仙迹'，但却厚重如核，睿智如电。刚毅、不屈、血性、征服、先行、霸蛮、甚至匪气与狡黠，破坏与颠覆……已深入湖湘山脉的坡腹岩熔。湖南的山是湖南人固态的胆；湖南的山像湖南的人，湖南的山就是湖南的人。湖南山的品格与气质，就是湖南人的品格与气质，浩气长存，气吞万里的湖南人品质。”

邓皓在《湖南人是天下人的胆》的这段论述，可以说是对文明与地域的关系的一个相当生动的明证。恰好他还以罗霄山为例进行了探究：“还有一类湖南人，胆从火中生，路遇不平就像火山一样不可抑制地喷发出深埋在地下的岩浆，熊熊的火焰一泻千里，以此展示自己的杀力和不可抗拒，充满着生活的刺激和发泄的快感。风雨过后回归最初，葱绿如是。这让人想起罗霄山，想起湖南东方与江西毗邻的罗霄山，想起曾有过火山活动征兆的罗霄山，想起出入罗霄山脉的那些人以及关于他们的前天与昨天。”

湘江巨人雕塑

罗霄山脉便是集深厚的文化底蕴和秀美的山川于一体的一处圣地，她作为“楚头吴尾”横亘在华东和中南之间，绵延数百公里，仅在萍乡与醴陵相邻处有一个决口盆地，人物与文化交汇承载，成为佛教禅学文化、道教文化、儒家文化、理学文化和心学文化、风水学文化、瓷文化、水稻文化、青铜文化、中医学、丝绸文化、卜卦算命文化、茶文化等各种文化的发祥地。在这里，人们过着鸡犬相闻、田园牧歌式的平静生活，直到近代史开始，一位又一位在革命史上叱咤风云的人物从这里走上历史舞台，罗霄南端的井冈山上的星星之火燃起了一个民族久违的豪迈、自信、不屈不挠。

陈明仁就是这些从罗霄山脉腹地中走出来的佼佼者中的一员，这种刚毅不屈、如火山爆发的血性和胆气，也同样深深植入了陈

巍巍罗霄山

明仁的骨髓中。在经历了半生戎马后，他策划和发动了湖南和平解放，确保潇湘大地免受战火荼毒，还三湘人民风雨过后葱绿如翠的巍巍罗霄。

20世纪初年，自古以来有“湖广熟，天下足”的稻米之乡湖南，却迎来了一次少见的欠收。陈明仁的出生正赶上了这个时候。

1903年4月7日，在湘东醴陵县洪源乡陈家岭的一户农家小院，一个白白净净的男孩出生了。很奇怪，这孩子出生后非常安静，未见哭声，只是努力睁开眼睛向四周寻看。接生婆吴氏很奇怪，自言自语：“咦，这孩子真是少见的平静。”她抓起孩子的两腿，在孩子的屁股上轻轻地拍了一下，孩子没有哭，再拍，还是没有哭。最后她用力狠狠地拍了拍孩子的屁股，孩子才哇哇地哭了起来，声音好清脆。吴氏放下心来，开始她还担心这孩子是个哑巴，原来不是，只是这孩子天生倔强而已，少有的倔强。

这个孩子此时此刻来到这个世界上，正是雪上加霜。赶上灾年，收成不好，又添上一张嘴巴吃饭，实在让人烦心。父亲陈保廉看着初生的儿子，又高兴又忧虑。陈保廉一家虽是农民，但有着几分薄地，在当地看来，虽不富裕，倒也不寒酸。不巧的是，正赶上灾年，收入大减，一切都要小心计划了，哪怕大人节衣缩食不吃不喝，也要保证这母子俩的营养。

万亩稻米良田

陈保廉为人灵活，富有经济头脑。忙时种地，闲时从商，偶尔做一做以物易物的小买卖。孩子出生才三天，陈保廉就收拾停当，准备去邻县做生意。堂客（湖南方言“老婆”）樊氏叹了口气说：“孩子出生还没满月呢，你就要走啊，我也不拦你，自己路上小心。”

陈保廉说：“我也没办法，天灾人祸，为了孩子，我得多挣点钱。对了，孩子的名字已经取好，叫陈明仁。这是私塾先生李茂秋起的。”

樊氏自言自语：“这个名字好，贤明仁义。”

“李先生说儒家讲究仁、义、礼、至、信，咱取第一字仁，正好孩子属于明字辈，所以就叫陈明仁，字子良。”

子良，子良，樊氏自言自语，她对这个名字看起来非常满意，满脸泛起红晕。她温柔地看着怀中的婴儿，一种幸福的感觉溢满心头。陈保廉亲了亲孩子，深情地看了妻子一眼，一狠心离去。

李茂秋是何许人也？为什么是他给孩子起名字？原来，李茂秋是活跃在当地的一名私塾先生。早年在长沙求学，上过新式学堂，思想前卫，博学多才，写得一手好文章。为人又谦虚谨慎，重义守信，在陈家岭一带非常受尊重。家家户户每逢嫁女添丁、喜庆之事，都要请李茂秋高座。那天，李茂秋见了孩子以后，脱口而出说这孩子有大福大贵之相，来年定是经天纬地之才，故取

如今的醴陵风貌

名字陈明仁，字子良。仁——儒家道德之首也，希望他将来能宅心仁厚，成为国家之栋梁。

说来也是奇怪，陈明仁从小就不喜哭闹，在他幼小的心灵里面好像提前就知晓了家中的困难，他在悄悄地成长。陈家祖母年事渐长，母亲樊氏身体也不好，看病吃药，哪一样都要花钱，家中日益捉襟见肘。陈明仁从小就知道喂猪，砍柴，打野菜……用单薄稚嫩的身躯为家庭减轻负担。父亲陈保廉看在眼里疼在心里，穷养儿富养女，他相信子良现在所受的苦难有朝一日将成为他的人生财富。他所要做的就是注重孩子的学习和身体，多吃苦并不可怕，可怕的是吃苦而不知苦，不努力改变现状，一辈子活得浑浑噩噩才是一种悲哀。他注重孩子的能力培养和吃苦精神，有的时候故意单独把他丢在山上，让他从小就养成独立处事的能力。

打猪草的小孩

那年，1909年，陈明仁7岁了。父亲带着陈明仁上山砍柴，走在绿山翠水之中的陈明仁兴奋异常，摘野果，看林间飞来飞去的小鸟，一路玩耍。走着走着全然忘记了父亲的存在，等到想起来的时候，父亲已经不知去向。他大声呼唤爸爸，可是，除了山间渐行渐远的回音，什么回应都没有。他很害怕，但咬着牙没有哭。四周都是交杂树丛，偶尔有从远方传来的野兽声，让人毛骨悚然。他凭着记忆，蹒跚着，向回家的路摸索过去。走了很久，衣服刮破了，裤子也刮破了，但是看见路越来越熟悉，他不禁欢快起来，因为马上就可以见到家中的爸爸妈妈了。突然，他听到一阵窸窸窣窣的声音，回头一看，离他不远处有一只野猪，正瞪大双眼看着他。这个大家伙他见过，有的时候父亲运气好能猎上一头，爸爸告诉他，这野猪机灵凶猛，还会主动攻击人类。

狡猾的野猪

怎么办？野猪就在身边。突然，他脑中灵光一闪，父亲说过，野兽一般不喜欢吃死了的动物，于是他就地卧倒，佯装死亡。野猪来到了他的身边，用鼻子拱拱他的胳膊，他的腿，甚至是他的脸。他大气不敢出，野猪身上一股恶臭袭来，他也装着没有任何反应。直到野猪远去很久了，他才睁开眼，踉跄地向家中奔去。回到家告诉了父母这件事，母亲听后眼泪汩汩往下流。而父亲听后没有任何表情，陈明仁哪里知道，在他装死避开野猪的时候，父亲正抱着猎枪保护他呢。陈保廉也暗暗称奇，没想到一个7岁的孩子竟然有这样的智慧，处事如此冷静有办法，心想着孩子总有一天会有大出息的。

第二节　聪颖顽童倔强心

陈明仁自小思维敏捷，聪颖过人，加上私塾先生李茂秋一直认为这孩子必成大器，嘱咐陈保廉要好生培养，所以一家人也把这个长孙长子看得很重，爱护有加。父亲陈保廉不仅略通文墨，是乡里比较有威信的人，还懂得一些防身的拳脚功夫，闲时除了言语上对陈明仁谆谆教导，也常常教他打几套拳，耍几回掌。在父亲潜移默化的影响里，陈明仁也初识辞章，略知人事，长得也结结实实，身形利落，文武兼修，明快大方。陈明仁就像当时千千万万个中国普通的农家子弟一样，在湘东一隅的这个小山村里过着快乐、安宁的生活，享受着他无忧无虑、天真烂漫的童年，浑不知这大山外边的世界正是风雨如晦，灾祸连年。

墟里炊烟静，山中岁月长。陈明仁的童年生活中有两件事常

炊烟袅袅的山村

为后来者在忆及其生平时提及，大概也能成为他日后军旅生涯中倔强耿直、不信邪的硬朗作风的佐证。

其一是说陈明仁带领他的“岳家军”抗击“金兵”的故事。还是他7岁这年的冬天，冰封千里、朔风呼啸，正是天寒地冻，呵气成霜。可是这种天气对孩子们来说都不是什么障碍，望而却步、躲进小楼那是阅尽世事的成年人所为，冰雪反而令孩子们更增踊跃。

这天，陈明仁和陈家岭上一帮小伙伴们又来到平日滑雪、打雪仗的小树林，陈明仁听父亲讲过岳飞抗金的故事，提议大家分成两部分，分别扮演“岳家军”和“金兵”交战。大家都觉得很新鲜，积极响应。陈明仁坚持自己任“岳家军”主帅，率军与名叫“春伢子”的孩子率领的“金兵”展开了激战。两军对垒，雪花纷飞。刚开始“岳家军”处在开阔地带，被“金兵”打得措手不及，节节败退。身后雪球不断飞来，孩子们撒开脚丫，抱头鼠窜，相当被动。陈明仁当机立断，喝住阵脚大乱的战友们，将之分为两部分，一部分撤退，另一部分进攻，如此交替掩护，顺利撤退到了地形隐蔽的丛林处。此时的“岳家军”占据了有利的地形，利用树林的掩护，不仅可以借着风势狠狠地还击“敌人”，还完全没有己身安全之忧，颇有闲看风云之感。对方被陈明仁这一队孩子打得落花流水、狼狈至极，恼羞成怒的春伢子单人匹马地直杀

岳飞雕像

过来，“岳家军”眼看身形高壮的“金兵”主将来势汹汹，也士气高涨，全力抵抗，甚至纷纷揭起树干上的冰凌朝“金兵”们甩过去。冰凌可不比雪球，这东西是利器，一道一道的冰凌擦在脸上就是一道血痕，甚至还能划出一道长长的口子。“金兵”在“岳家军”凌厉的攻势下，最终土崩瓦解，溃不成军，这场“战争”延续了历史上岳家军的神勇和风采，也取得了胜利，扮演“岳家军”的孩子们兴高采烈地围着陈明仁，发出了一片欢呼声。他们哪里知道，在家里等待陈明仁的是一场兴师问罪的“会审”。

春伢子回到家，母亲看到他脸上、脖子上一道道挂着冰花的伤口，又红又紫，心疼得不行，一时火起，拉着孩子就上陈明仁家告状来了。祖母和父亲陈保廉最讲究仁义礼节，祖母又对长孙很是严格，一见陈明仁便伸手给了他两巴掌，令他跪下认错。哪知陈明仁不仅不跪，挨了揍别说连哼都不哼一声，还梗着脖子昂头挺胸，一副宁死不屈的样子。父亲急忙圆场，对着春伢子母亲又是作揖又是道歉，总算是了了此事。

后来问得陈明仁为何打人，陈明仁理直气壮地告诉父亲，“岳家军”和“金兵”两军对垒，自己乃是遵循父亲教导，“文官不贪财，武官不惜命”，率军顽强抵抗取得胜利，何错之有？打仗怎么能不拼命呢？这种观念竟是在这么早的时候就进驻了陈明仁尚且幼小

岳家军将佐图

的心灵！父亲哭笑不得，告诉孩子说，小伙伴玩游戏不是真上战场，要有分寸的，以后不能随便闯祸。对于一个年仅 7 岁的孩子来说，抛开顽皮淘气不说，竟然懂得制定战争策略，互相掩护撤退，占据有利地形，组织战术发起反攻，最终反败为胜，不能不说颇有一些指挥天才，而陈明仁耿直倔强、坚持自己认定的事情、不怕事的个性也可见一斑。

其二便是神龛风波。陈明仁的母亲樊氏卧床多日，久病不愈，祖母听说邻乡有个赤脚医生有些神通，便带着樊氏出门寻医问药去。恰好这天陈保廉进山捕猎，便留下了陈明仁一个人在家留守。小孩是调皮好动的，一个人在家少不得要折腾点什么来玩，打发时间。这天，陈明仁竟然将心思动到了神龛上面。他费尽力气搬了个木梯架到了神龛旁的墙上，不知天高地厚地就爬了上去。毕竟人小个子不够，他刚刚够到神龛，踮起脚尖把上边的木雕观音菩萨和祖宗牌位一古脑儿全都扫了下来，他自己也一气跳了下来，抱着这木雕的神像和牌位就研究了起来。恰好祖母扶着樊氏进门，一眼看到这景象，简直是当头一棒，只觉天旋地转，急火攻心。要知道，这神像和祖宗牌位对于有着农耕文明传统的中国家庭来说，那是绝对的圣物，要心存虔诚地好生供养着才成，那可关系到一家人、一脉甚至一族的兴衰啊！对祖母来说，陈明仁不仅摔了神像和祖宗牌位，还拿在手中把玩，简直是不忠不孝，这种大不敬是要惹得神灵震怒、招来厄运临头的啊！老人家走上前来，揪住陈明仁的耳朵，扬手就是两耳光，打

祖宗牌位侧面

得陈明仁眼冒金星。祖母气得浑身颤巍巍地指着陈明仁骂道："小孽种啊！你真是胆大妄为、欺神灭祖！我看咱们家要大祸临头了呀！"陈明仁从这两个耳光中缓过神来，仍是一副桀骜不驯的样子，瞪着眼睛，憋着泪水，朝着祖母不服气："什么神不神的，几块木头牌子，怎么就玩不得？我就是要玩！"祖母和母亲闻言更是惊惶失色、火冒三丈，只差捶胸顿足，哭喊家中竟然出此逆子了。若不是陈保廉回家来调停，祖母是不肯轻饶了陈明仁的，以至于后来陈明仁仕途不顺，老祖母都固执地认为这跟他小时候摔了神像、得罪菩萨有关联。

陈明仁当然是不听这一套，倒是从此事可以看出他性格中与生俱来的不信命、不信邪的因子，小小顽童也不怕事，竟然在强权面前也不肯稍事低头，还要顶风直上说出这番叛逆、超出常理的话来，这也算是"三岁看小，七岁看老"的一个例证吧。一个人一生的命运必然跟他走过的每一个阶段的轨迹都有一些冥冥中的关联，每一个看似毫不起眼的细节都有可能改变人生行驶航道的方向。陈明仁生来聪慧过人又刚毅不屈、不会婉转迂回的个性，早就在少年时期显露端倪，这跟他后来战场上所向披靡、官场上起伏浮沉及至毅然回归的大起大合的命运，大概不能说毫无关联吧。

第三节　教育改写命运

1910年，陈保廉将陈明仁送至李茂秋的私塾就读。李茂秋虽是新派读书人，思想前卫新潮，倾向于革命，但是他的教育方法却旧式古板，不讲情面。无论家穷家富，书背不下来都要挨板子，出手凶狠，孩子们都害怕。一上课都战战兢兢，目不斜视，即使是这样，有人仍然免不了要挨打。

一天上课，李茂秋出下题目：熟读《论语》，然后据此写一篇作文。出完题目以后，李茂秋径直走出教室。先生一走，教室一下子就炸窝了。有的装模作样咏读诗书，可心神全飞；有的干脆就放下书本跑到院子里面打闹，整个私塾已热热闹闹，全然没有一处安静。然而，靠窗户有一个身影，却正襟危坐、凝神细读、若有所思，认真朗读《论语》。此人正是陈明仁，好一会儿工夫后，只见他拿出笔墨，思考良久，在纸上写下了：

清朝时期的私塾

天下大椽者，皆拔萃于幼林。

绿苗虽嫩，风雨中却渐根深；小树乃弱，朝露中可渐叶茂。

岂敢言：嫩绿不能成参天之大树，伟岸之栋梁？

吾辈虽小虽弱虽嫩，若挺直腰杆永远向上，怎不愈大愈强愈坚？何愁不成高屋之大椽？……

此时此刻，李茂秋已经悄然回到了私塾，他远远地看着院子里的一切，只是对坐在窗边的陈明仁点了点头。当李茂秋看到这篇文章时大吃一惊，拍案叫绝。在陈明仁这篇《欲成大椽平天下》的后面他写了两句话："小塾悄然哺龙凤，大岭缄默育巨树。"他隐隐约约地预感到有朝一日此人必是栋梁之才，将会飞出陈家

醴陵四中明仁路

岭一展宏图。他对陈保廉说："你伢子终究会出人头地，你一定要好好培养，不要耽误了他呀。"

陈保廉回答说："只要我保廉一息尚存，就是砸锅卖铁也要送子良求学成才，不辜负先生的希望。"

一个孩子的成长和家庭关系十分之大，家境条件将会对孩子的性格塑造产生很大的影响。陈保廉虽是一介农民，但是他也粗通文墨，而且会一些拳脚。陈保廉非常喜爱这个聪明活泼的孩子，加上先生李茂秋也这么欣赏儿子，陈保廉就少不得对于儿子的培养颇有些自己的打算。无奈现在家中母亲年事已高，妻子也常年卧病在床，家中经济不比以前宽裕，想起这些他常常吁声叹气。但是他没有忘记对孩子的每一步培养，闲暇中，他把祖传的"陈家拳"一招一式教给陈明仁。并且，他想等孩子再大些的时候，送他去省城长沙上学。陈明仁也没有辜负父亲的希望，他领悟动作快，悟性好，时间不长，他就把"陈家拳"的全部精华学得非常熟稔，父亲也常自叹不如。所以，陈明仁有这样的家庭、这样的父亲，他很幸运。

时间过得很快，陈明仁在李茂秋的精心教导下熟读了《三字经》、《百家姓》、《增光贤文》、《幼学琼林》……入门之书，门门优秀。李茂秋也针对陈明仁的天赋引领他读了《资治通鉴》、《二十四史》……陈明仁在浩瀚的历史长河中遨游，他对历史上的英雄人物心生神往，特别是对历史战争尤感兴趣。民族英雄霍去病、岳飞、文天祥、戚继光……那些生动光辉的形象深

文天祥画像

深地铭刻在他的脑海里。

1919年，陈明仁17岁。17年的时光，他终究没有走出陈家岭一步。在这些年轻青涩的岁月里，他每天都是读书，写字，习武，干农活，日子过得充实而单纯。

也就是在这一年，发生了一件惊天动地的事情。5月4日，北京爆发了以学生为主体、全国工人大力支持的反帝爱国运动。事情从1919年初开始，第一次世界大战的战胜国在法国巴黎召开和平会议，讨论处理战后的世界问题。中国政府代表在全国舆论的压力下，提出了收回山东主权、取消“二十一条”不平等条约等正当要求。4月下旬，巴黎和会在帝国主义国家的操纵下，悍然决定把战前德国在山东的一切权益交给日本。这个消息在中国人民中，首先是在知识界和学生中激起了强烈的愤慨。5月4日，北京13所大学学生3000余人在天安门集合，示威游行，主张拒绝在巴黎和约上签字，要求惩办北洋军阀政府的亲日派官僚曹汝霖、章宗祥和陆宗舆。北洋军阀政府出动军警，逮捕示威群众32人。5月5日，北京学生总罢课，并通电全国，各地学生纷纷罢课响应。6月3日、4日，北洋军阀政府继续逮捕大批爱国学生，激起各地群众更大的反抗，工人阶级、小资产阶级、民族资产阶级也开始加入爱国运动。从6月5日起，上海工人罢工，支援学生的反帝爱国斗争，参加罢工的工人达15万人以上，上海商人举行罢市，唐山、长辛店、九江等地工人也相继举行政治罢工，天津、津浦铁路等处的工人也酝酿罢工。对于以工人为主体的群众斗争的迅猛发展，帝国主义者和军阀政府感到十分恐慌，北

五四运动学生游行

京军阀政府在6月间被迫释放被捕学生，免除曹、章、陆的职务，并宣布拒绝在巴黎和约上签字。五四运动取得了胜利。

五四运动燎原的战火在祖国的每一寸土地上燃烧，陈明仁有一个族叔叫陈盼周，他给陈明仁带来了这个消息。听到这个消息，陈明仁异常激动，他梦想走出陈家岭到广阔的天地去。他向父亲表明了自己的态度，陈保廉听了儿子的话，既高兴又沮丧。他觉得孩子年纪大了，应该走出大山迈向世界，可是他却没有让儿子出远门的盘缠。陈明仁见父亲没有表明态度，默默回到自己房间，很失望。父亲久久望着儿子颓丧的背影，紧锁着眉头，一斗烟一斗烟地抽着。

第二天，陈明仁一起床就看见床头有一个布袋，打开一看，里面有10块大洋，他一下明白了父亲的用心。他拿着钱袋，热泪盈眶："父亲，我一定不辜负您的厚望，发奋学习，学成归来。"父亲陈保廉没有说话，只是微微点点头，欣慰地笑了笑。

同年10月，陈明仁以优异的成绩考上了长沙兑泽中学，踏上了新的求学道路。长沙为湖南省省会，位于湖南省东部，湘江下游长浏盆地西缘，又称"楚汉名城"。长沙城四季分明，风景宜人，交通便利，物产丰富。来到长沙后，陈明仁一心读书，严格要求自己，没有随着身边环境的改变而改变。到学校后，陈明仁半年没有出学校一步，把大块的时间用于学习充实。就在那一段时间，陈明仁学业大进。

爱晚亭风光

终于有时间，他去了岳麓山，看了爱晚亭，游了橘子洲头，眺望了湘江，亲眼目睹了"惟楚有才，于斯为盛"的对联，一时感悟万千。回到宿舍他写下了《潇湘枫叶霜染红》：

潇湘之地，山壮水美。南岳衡山，气势非凡；湘江流水，澄碧映蓝。

吾极目远眺，观千岩竞秀，赏万山翠绿。

晚秋霜风，拂染枫林。飒飒红叶，俏缀壁障。此乃潇湘独骚之景也。

霜寒风凛，枫茂叶红。

潇湘之人，恰似红枫。天寒风劲，英雄辈出！

“楚虽三户，亡秦必楚。”——古人之论，有幸言中……

可以说，这篇文章将陈明仁作为一个湖南人的自豪和雄心壮志皆披露无遗。自古以来，湖南人喜食辣，火辣辣的性子，火辣辣的作风，湖湘山脉的大气厚重造就了他们坚韧顽强的品格，三湘四水的钟灵毓秀孕育了他们睿智豁达的胸怀。也正因为这些地域文化上的特点，湖南在历史上留下了许多令人耳熟能详的名字和过目难忘的形象，远的不说，最近几百年来就有王船山、曾国藩、左宗棠、彭玉麟等历史名人。陈明仁胸怀丘壑，笔吐山河，神往着这块热土上的先贤古圣，期待自己也有大鹏展翅的一天。

曾国藩书法对联

1922年，陈明仁以优异成绩从兑泽中学毕业，回到醴陵县洪源乡，成了白兔潭小学的一名教书先生。但是那橘子洲头湘江东去、麓山枫林红叶似火的景象已经深深地印在了陈明仁的脑海，那不断兴起的政治革新浪潮、国家兴亡匹夫有责的使命感，也早已深入陈明仁的内心，他深感国家的前途命运与个人的命运紧密相连，已经不能满足于乡下这份“山中方一日，世上已千年”的岁月静好。他渴望趁着风华正茂，走出这崇山峻岭，开创一番新的事业。

第二章
少年夫妻老来伴

第一节　娃娃亲事结良缘

从陈明仁开始记事的时候，母亲樊氏身体状况就一直不好，后来几年更是干脆卧床不起，常年面黄如蜡，枯瘦如柴，寻医问诊是常事，药罐子也是家中随处可见。加上底下还有明信等几个兄弟，家里添丁添口，陈保廉要操持一大家子人的花销，家底渐薄。祖母也因而生发了让陈明仁从私塾辍学回家务农的想法，每年这两担油钱的学费省下来给儿媳妇看病买药，不但可以减轻经

清末姑娘坐花轿出嫁的队伍

济负担，家里又多了一个务农的好帮手，也是一项收入呢！不能不说从老一辈人的角度来说，祖母的打算是符合家里的实际情况的，也是度过经济难关的一个好盘算，甚至有时候是不得不这样做的安排。但是，陈保廉是不忍心让孩子离开学堂的，陈明仁悟性高，念书又很勤奋，屡屡得到先生李茂秋的赞扬，父母都对他寄予了殷切的期望。更何况儿子是母亲的心头肉，每一点滴的进步都是母亲撑过病痛的精神支柱。樊氏也是一心希望陈明仁能继续接受教育，不愿意因为自己的病而耽误了孩子的前程。无奈，祖母放弃了中断陈明仁学业的打算，但是提出应该让陈明仁成亲，娶个媳妇过来给母亲冲冲喜，希望这样可以让樊氏康复起来。

1916 年秋天，陈明仁 14 岁。唢呐声声，爆竹阵阵，红艳艳的花轿、红艳艳的盖头，染红了陈家岭山头的枫叶，映红了人们亮堂堂的脸庞。洪源村的乡亲们一路簇拥着新娘子的队伍来到了陈保廉这座青砖瓦房的门口，嘹亮欢快的锣鼓喧天和七嘴八舌、唧唧喳喳的人声鼎沸正是乡里人家办喜事一贯的排场。这天正是陈明仁迎娶新娘谢芳如的好日子，14 岁的新郎和 15 岁的新娘，一个是涉世未深、稚气未脱的少年郎，一个是豆蔻枝头、绕膝承欢的碧玉妹，都还是父母心头口上的宝贝，从此进入了成家立业的成人世界，有了自己的小家庭，成为了彼此这一生都要相携相扶的亲人。这正是一桩典型的娃娃亲，却就此结下了一生的良缘。

民国时期的婚礼场面

陈明仁身穿特意定做的一身藏青色的土布新装，衬托得一张白净的面孔更加眉目清秀、轮廓分明，虽然他在大人的指导下竭力表现出稳重的样子，但毕竟还是年幼，行动举止之间脱不了小小少年的青涩和拘谨，又因为多年坚持不辍的读书练字，眉宇间是一层隐隐的书卷之气，令人不禁从心底喜爱。当他按照母亲的吩咐，把一双小巧精致的绣花鞋给谢芳如穿上，再憋足了力气，俯身从花轿里把仍是红巾掩面的新娘抱出来的时候，乡亲们都善意而又兴高采烈地笑了起来。还是个娃娃呢！看他像个小大人一样循章就理地做着每一个成亲步骤，人们都已经忘了命运此时已经如何将一副人生的责任交到了这尚嫌稚嫩的双肩上。

当婚礼在红烛的袅袅青烟和司仪的朗朗之声中完成，陈明仁和谢芳如这对新人肩并肩、手牵手向天地、向祖宗、向高堂俯身款款拜下，他们就已经在这红彤彤、明晃晃的大堂上许下了一生的诺言，从此夫妻相濡以沫、互敬互爱，几十载风雨同舟、患难与共，再未变过。不仅陈明仁俊朗如松，揭下盖头来的谢芳如亦是清新如竹，淡雅宜人，娇柔的俏颜下满是羞怯和天真，眼里那份对未来单纯的渴盼和对生活隐忍的柔顺正是传统的中国女人千古相传的美德。长辈们看着这一对小儿女，眉目如画，言笑晏晏，新衣、新人，红烛高照，明庭如洗，一片喜气洋洋的景象，不禁也喜从心来，笑逐颜开。

可惜的是，天不假年，虽然一切祥和美好的生活似乎才刚刚开始展开，亲人殷切的期盼并不能阻止残酷现实的步伐，儿子的新婚之喜并没能留住母亲的生命。这年冬天，母亲突然口吐鲜血，扑倒在病床上。临终前，母亲那无力却充满眷念与不舍的目光来回看着床前的婆婆、丈夫、孩子，然而生命离去的脚步不会停止，她气若游丝地留下几句话便撒手西归。她尤其交代了长子陈明仁，作为家里文化最高、念书最多的孩子，她期待他有朝一日终成大器，也希望他挑起重担，和父亲一起侍奉奶奶、爱护幼弟，和妻子芳如共同撑起这个失去母亲的家。陈明仁跪在病榻前，心碎神伤、忽忽如狂，几欲仆倒在地，几个孩子一迭连声凄声呼喊慈母，但是这个操劳一生的母亲还是慢慢闭上了眼睛。她只是一个普通的农妇，但是对于陈家来说，是天塌了一半。这一半，自此要靠陈明仁一肩扛起。也就是这个时候，陈明仁从私塾辍学，和父亲一起农耕打猎，孝敬祖母，抚养弟弟，在生活的艰辛中逐渐成熟。

抗战时期曾充当长沙兑泽中学校舍的老院子

劳作间隙，陈明仁依然手不释卷，从书籍中得到这粗粝的生活中精神上最大的慰藉。这样的生活一直持续了4年，直到1919年，17岁的陈明仁考上长沙兑泽中学，在一家人的殷切期望中，踏上了壮怀激烈的征程中的第一步。

第二节　贤妻芳如伴征程

谢芳如自15岁嫁入陈家，直到1950年因病离世，30多年的岁月里始终与陈明仁风雨同舟、患难与共，尽心尽力地相夫教子，不改初衷；而陈明仁在一生的戎马生涯中，无论是东征西讨，还是荣升高官，也始终对谢芳如不离不弃，深情有加。这样的感情令当时很多熟悉他们的人都纷纷夸赞，在国民党的将军中，能够像陈明仁这样对原配妻子情深意重、忠贞不二的实在是少见，更何况用世俗的眼光看来，谢芳如还是一个比他还年长一岁的乡下女子。陈明仁后来虽然不断升迁却从不生异心，不娶小老婆，不要说陈明仁官至上将，就是对一个普通男人来说，能够做到这一点也是难能可贵的。

都说一个成功的男人身后必然有一个伟大的女人，陈明仁如此钟爱谢芳如，自然是因为他本人的感情观和高尚品质，但也与谢芳如为人、为妻之道有很大的关系。人人都只看到陈明仁南征北伐、战功显赫的荣光，却少有人想到她是用怎样的一缕柔情系住了这位金刚怒目、叱咤疆场的将军的心，又是怎样的一个柔弱女子含辛茹苦、任劳任怨地为他撑起一方晴空，留住一脉港湾。

岳麓山谢芳如墓

谢芳如的长相属于明丽大方但又不失婉约的那种，这样的女子不会让人一见惊艳，但是却有一种让人见了就感觉到宁静的力量。她性格温柔端庄，勤劳朴实又不失聪明伶俐，不仅心慈嘴甜，干活也很利索，深得丈夫和公婆的喜爱。她身上拥有典型的中国传统妇女的谦和、隐忍的美德，对于丈夫想做的事情，她一直是全力支持，十分尊重、体贴丈夫的心意。陈明仁求学归来在白兔潭小学教书时便向往外面的世界，期望能出去大展一番宏图。这番心思只有妻子谢芳如最了解，也许她并不明白当时丈夫想追求的是什么，但是她似乎从不考虑丈夫走出家庭离开自己是否会忘了自己，只是不问缘由地给丈夫以支持。当陈明仁因欲投军受阻，沉迷赌博、欠下赌债时，她没有埋怨，只是夜以继日赶织出几匹布，用卖布得来的钱为丈夫偿还债务；当陈明仁投考广州陆军讲武学校，为盘缠伤脑筋时，又是她瞒着祖母将家中的猪和连夜赶制的布匹卖掉，而后倾囊相助；当陈明仁投笔从戎走出大山时，是她独力挑起了照顾整个家庭的重任，上要服侍祖母公婆，下要照料陈明仁尚未长成的四个弟弟，还要抚养年幼的娇儿。家里煮饭、洗衣、喂猪、种菜、下农田等粗活都是她辛苦操持，劳累一整天了，晚上也不早早休息，还要在油灯下一针一线地给家人缝衣服、纳鞋底。陈明仁的每一双袜子她都要亲自缝上一层袜底，即使后来随着陈明仁做了将军太太，这个习惯都是多年如一日，所以陈明仁是不穿没有上好底的袜子的。这一切早就像春风化雨一般丝丝滋润了陈明仁的心田，得贤妻如此，夫复何求。

惠州之役以后，陈明仁升任营长，便立即把谢芳如和次子扬铨接到了身边，夫妻俩朝夕相处，举案齐眉。离开了农村，谢芳如不用再干农活，闲时陈明仁便手把手地教她学文化，她勤奋好学，用心琢磨，不仅学会了写字看书，还会翻译电报，从一个大字不识的农村妇女变成了陈明仁知书达礼的"贤内助"，有时也帮着做一些译电工作。来到军营的谢芳如非常顺利地转变了自己的角色，不仅照顾好家人，尽到了贤妻良母的责任，还尽力为陈明仁排忧解难，关心部属家属，配合陈明仁特殊的军人身份成为了一个出色的指挥官夫人，让陈明仁和将士们打仗时没有后顾之忧。每当陈明仁为战事或为仕途苦恼时，她或是娓娓劝慰，或是陪他对饮，或是和他对弈，以消除他的烦恼；每当陈明仁率部出征前，她常与丈夫一起招待部属，举杯一饮而尽，祝他们"旗开得胜，凯旋归来再干杯"；战后，她常带领部队家眷，驱车数十里去迎接部队，为他们接风洗尘；当第71军因为军费浩繁、亏空甚巨时，谢芳如在陈明仁的殷切期望下，抛开自己的一己观念，以大局为重，咬牙将自己平日省吃俭用、多年集腋成裘的160两黄金变卖充公，解决了军队拮据之困。所以，陈明仁的部队人人都知不止有个好将军，还有个好将军夫人。这夫人，有胆识，有见地，知大礼，识大体，体恤官兵，爱护军属，被71军将士戏称为"半个军长"。

陈扬铨与程杰将军在谢芳如墓前合影

谢芳如与陈明仁相濡以沫30余年，可以说惊涛骇浪多过风和日丽，战争时刀枪无情的担惊受怕，官场上互相倾轧的暗箭难防，可以说步步惊心。在陈明仁横遭磨难、惨受贬谪、意志消沉的那些日子里，总有谢芳如始终如一、无微不至的悉心照顾和体贴慰藉，而谢芳如通情达理、无怨无悔的支持总在紧要关头给陈明仁以最大的鼓舞和安心。1949年初，历史前进到了变革与新生的重要关头，国共双方的对峙已经到了最后时刻，距离新中国的诞生已经为时不远。时任华中"剿总"副司令兼第1兵团司令官的陈明仁来到长沙，为了实现真的民主与和平，为了使三湘大地免于战火涂炭，陈明仁与长沙"绥靖"主任兼湖南省主席程潜定下了反蒋起义、弃暗投明的计划。此时的谢芳如明悉丈夫的心意，知道这是丈夫在人生关键时刻的重要抉择。她告诉丈夫："你想好了就做，你到哪里，我跟你到哪里。"妻子的理解给陈明仁吃下了一颗定心丸，更坚定了跟共产党走的决心。当白崇禧要求各将领先将家属撤至后方，企图用家属来牵制他们的行动，以防将领起义时，陈明仁为了取得白崇禧的信任、顺利完成起义，毅然决定将儿孙送往白崇禧管辖区。这一决定对陈明仁一家人都如同晴天霹雳，但是陈明仁已经晓以利害，为顾全大局，深明大义的谢芳如默默无言，泪如雨下，忍痛看着长子陈扬钊领着媳妇和孙子们坐上了开往芷江的汽车。此举意义重大，成功地麻痹了白崇禧乃至蒋介石，保证了湖南的和平解放，陈明仁也从此走过了一生中最光辉的转折点，立下千秋功业。

白崇禧

天妒情深。新生活开始了，病魔却扼住了谢芳如，缠绵病榻三年，谢芳如离开了她一生挚爱的丈夫，陈明仁悲痛难抑，肝肠寸断。后来，陈明仁将军在"自传"中有一段关于妻子的深情文字，可以说是对谢芳如平生感情的厚积薄发，也是对她人生最好的总结："我爱人谢芳如和我过着同甘共苦的生活达三十多年，她是旧社会一个典型的善良主妇，对于我生平求学的鼓励，服务社会的劝善规过，以至后来参加解放事业的帮助，都是很多的。但一病三年，于 1950 年 4 月去世，这是我个人和家庭一个极大的损失。"

第三节　无情未必真丈夫

陈明仁和谢芳如结发夫妻三十余载，始终伉俪情深，绵绵意笃。尤其是陈明仁年轻时还有一段拒婚逸事流传甚广，当时正处于事业上升期的陈明仁直言谢绝攀高枝，糟糠之妻不下堂，赢得众人交口称赞。

在蒋介石任总指挥、周恩来任总政治部主任兼第 1 军党代表的第二次东征中，黄埔学生军在惠州城这个三面环水、易守难攻的历史名城遭遇了一场恶战，这个"名城"乃是有名在它是历史上出了名的难以攻克的城池，号称"南方第一坚城"。所以可以想见，当陈明仁率领敢死队第一个攻上城楼、将黄埔战旗插在敌人阵前高高飘扬时，蒋介石心里有多么高兴，朝野有多么震撼。陈明仁一战扬名，立时青云直上，成为了革命军的英雄，黄埔生的骄傲。此时陈明仁才 23 岁，已经官至中校营长，人也长得是剑眉

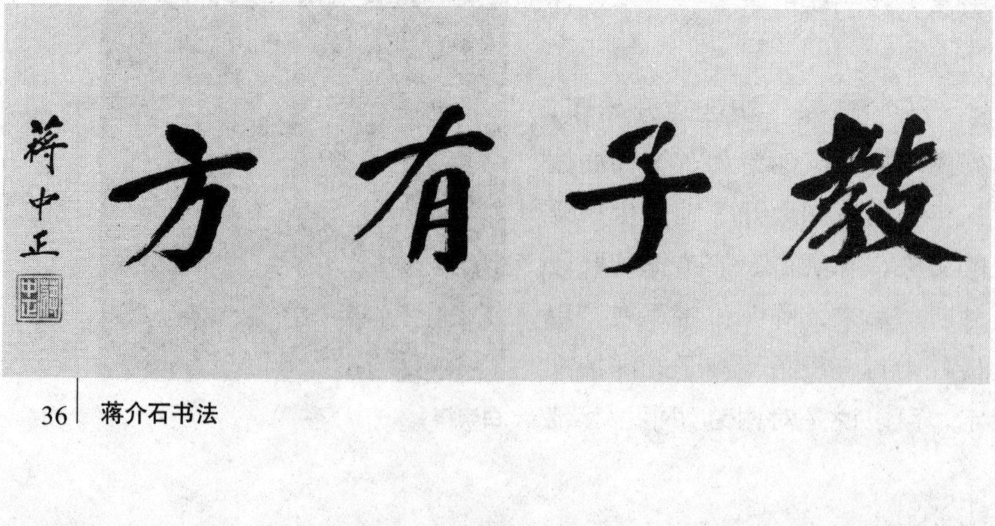

蒋介石书法

朗目、英气逼人，矫健利落中不乏书卷之气，正是雄姿英发、人中骐骥。

蒋介石与宋美龄合影

不仅蒋介石对陈明仁青眼有加，不少人都相中了陈明仁这块美玉良才，更有热心人自告奋勇，穿针引线想为陈明仁说媒，其中来头最大的便是蒋介石的夫人宋美龄了。她早闻陈明仁勇冠三军、锐不可当，亲眼见过以后更觉得陈明仁英俊倜傥，不可多得。当下，宋美龄便想到了廖仲恺的女儿正值豆蔻年华，美丽可人，如果能与陈明仁相配，正是英雄美人的良配。陈明仁在惠州一战中表现出过人的胆略与才能令蒋介石印象深刻，想到廖仲恺时任党代表，又与蒋宋渊源颇深，这桩亲事如成，不仅对陈明仁和廖家都是一件美事，更是一件令蒋介石成功笼络人心、增强政治资本的美差，岂不是双赢？于是蒋介石也欣然同意了宋美龄的想法，愿意极力促成此事。

谁知当宋美龄找来陈明仁谈话时，陈明仁毫不隐瞒、据实相报，说自己不仅早在 14 岁那年便已成家，而且还有了两个儿子，并且还在宋美龄面前毫不掩饰自己对妻子谢芳如的喜爱与思念，夸她贤惠朴实，深得家中长辈和邻里乡亲的赞美。宋美龄听了以后非常失望，不敢相信陈明仁那么早就结婚生子了，但也不好再说什么，只能连连感叹姻缘天定，不可强求。

此事原本告一段落，不想又有好事之人找到陈明仁，说是宋美龄有意为他再牵红线，将廖家小姐许配给他，并且试探性地询问陈明仁是否有意抛掉这父母之命媒妁之言的旧式婚姻，追求自

百花　闲趣图（宋美龄）

由恋爱，再续良缘。陈明仁一口回绝，表示自己绝不见异思迁、辜负远在家乡的妻子。此人不肯罢休，又向陈明仁晓以利害，说什么婚姻事小，前程事大，抛开廖家小姐秀外慧中不说，能够和廖仲恺、蒋介石攀上亲戚，飞黄腾达自然是指日可待，可是要是拂逆了蒋宋的意愿，恐怕是空有一身才干也是英雄无用武之地啊！陈明仁闻言，“嚯”地立起身来，金刚怒目地对来客说道：“我是陈明仁，不是陈世美！在其他事情上我都可以顺应蒋校长，唯独此事不能！不论是蒋校长还是廖党代表的意思，我陈明仁决不能丧尽天良、抛弃糟糠之妻！”后来陈明仁的一位老乡听说了这件事情还惋惜他不识时务，若能结成这门亲事，何愁不能速揽九天之月？陈明仁目光平静，绝不苟同，他认为军人应当有高贵的品质，他陈明仁荣升靠的是战功，耻于依靠裙带关系往上爬。此后，为免再生枝节，也为了一解夫妻相思之愁，陈明仁便写信回家，将妻子谢芳如和次子扬铨接到了军营之中，常伴左右。蒋介石、宋美龄并没有以此事而迁怒陈明仁，反而更欣赏陈明仁，廖仲恺和夫人何香凝也知道了此事，对陈明仁敢讲真话、不因贪慕富贵而抛弃妻子的诚实、忠贞品格敬佩不已。这一“猛将拒婚”的风波遂成佳话。

1949年冬天，湖南和平解放之后，国民党余部白崇禧等仍意欲与解放军一决高下。陈明仁奉命在湖南整编、训练部队。此时，谢芳如已经感觉身体不适，腹部常常隐隐作痛，形容憔悴，日渐消瘦。但是她不想惊动军务繁忙的陈明仁，大战在即她不能让他分神，多年来她总是把丈夫的事情当作最大的事情，现在也绝不会在这个节骨眼上让他担心。细心的陈明仁发现了夫人的不对劲，仔细询问之下决定要送她去医院就诊，却总被谢芳如婉言推拒，直到病魔发作，她不支倒下，并被确诊为癌症！陈明仁刚刚听闻噩耗时，这位身经百战的将军竟然当场洒泪、悲恸不已。不过转过身去他擦干了泪水，以最明快的笑容面对谢芳如，按捺住自己的悲痛去抚慰妻子要坚强、乐观地面对病情，积极配合医生治疗。谢芳如一病经年，陈明仁始终无微不至地照顾着病榻上的妻子。虽说建国之初事务繁多，无论是训练军队

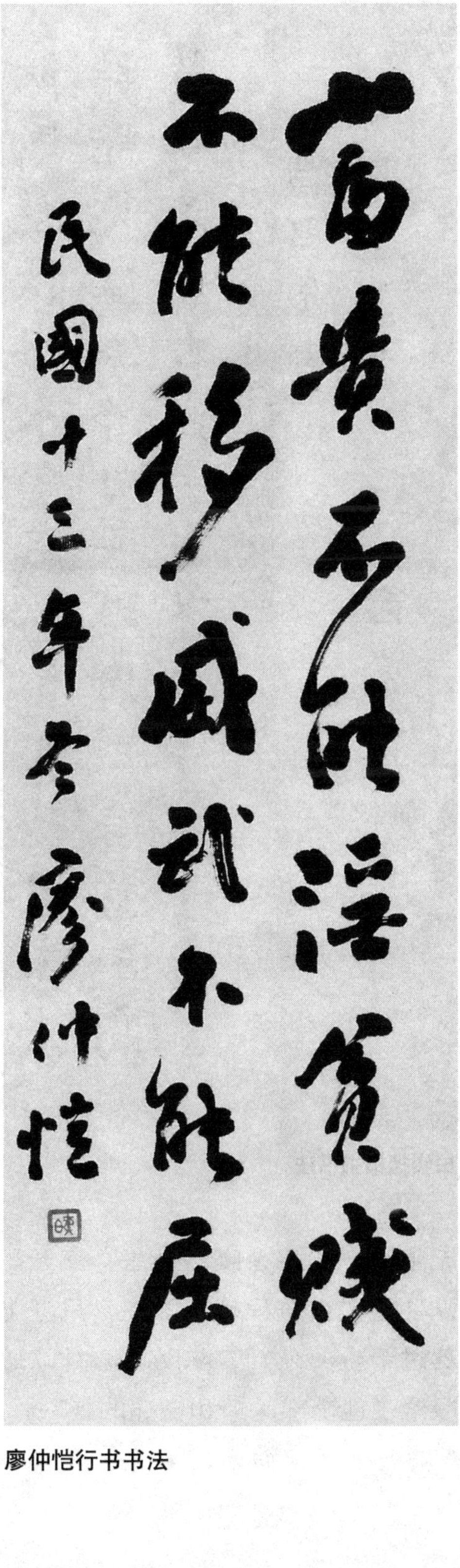

廖仲恺行书书法

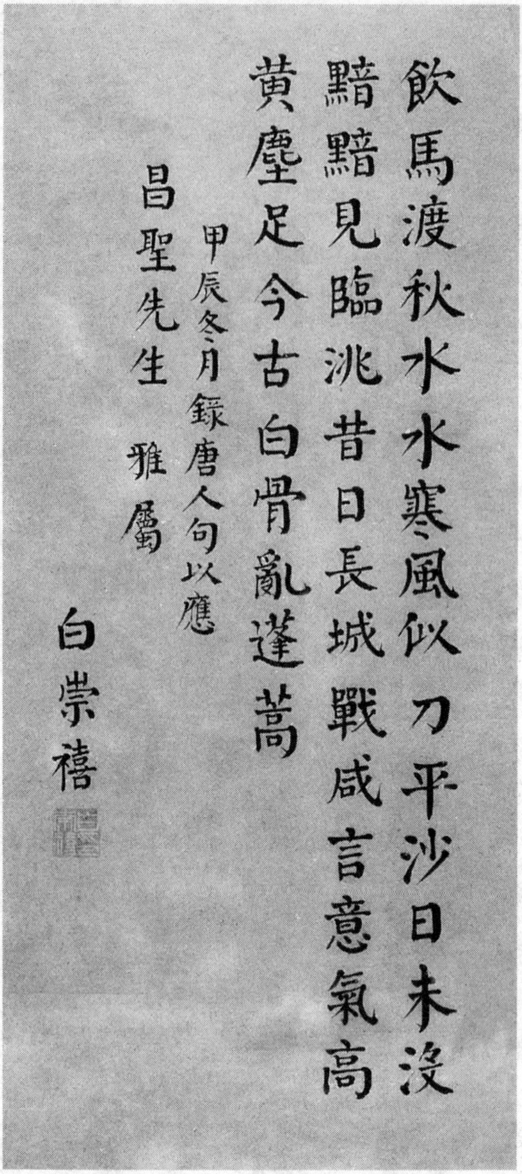

白崇禧楷书书法

还是移师剿匪，陈明仁都会挤出时间去医院探望妻子，亲手给她洗脸擦身子，端茶送水喂饭吃，软语安慰、百般照料。没有办法亲自去医院探望时，陈明仁也会三天两头写信、打电话去询问病情，鼓励妻子与病魔作斗争。陈明仁对妻子忠贞不渝的爱情和春风化雨的柔情不仅给了谢芳如强大的精神力量，使她在遭受疾病折磨的日子里内心是幸福平静的，还感动了谢芳如当时的主治医生肖毅，她感慨对爱人如此挚爱并能始终如一的男人，在他眼里只见过陈明仁一人。

陈明仁的深情挚爱最终也没能挽留住谢芳如的生命，1950 年 4 月，年近半百的谢芳如怀着无限依恋和不舍阖然逝去，离开了她最爱的丈夫和亲人。陈明仁从驻地星夜兼程赶回医院，只赶上了和妻子的永诀，人世间最痛莫过于生离死别，陈明仁心神欲碎、长跪不起，声泪俱下地写下凝聚了他全部深情和伤痛的挽联：

千里归来，竟艰一诀，从此音容长杳，除非梦里相逢；

卅年恩爱，永矢同心，若论伉俪情深，敢问世间少有。

陈明仁将军在妻子的葬礼上

谢芳如逝后，陈明仁为她举行了隆重的追悼会，并亲手写下碑文：“吾妻谢芳如之墓”，就此埋葬了自己的一腔深情。这对情深意笃的爱侣，三十年来共历人生沧桑，风雨中共济，惊涛里同舟，从未离心，自此天人永隔。无情未必真丈夫，陈明仁不仅建立了彪炳千秋的功勋，亦是重情重义的真男儿，可谓“不负如来不负卿”，世所罕见。

第三章

黄埔铸我军魂

第一节　深山出凤凰

1922年陈明仁回到家乡白兔潭小学任教以来，待遇极其菲薄，几乎仅能维持本人的日常生活，已无余钱帮衬家里，这对于家人尤其是祖母原来的期望是个打击。“万般皆下品，惟有读书高”，这作为传统观念已深入人心，可是如今家中文化程度最高、读书最多的陈明仁，非但没有光耀门楣不说，挣的钱甚至还抵不过多年的学费，祖母对此深觉不满，常常在家数落陈明仁没有出息，悔不该让他出去上学。乡亲们也从原来对陈明仁仰视或者艳羡的态度有所改变，冷眼讥诮者有之，默然叹息者有之，似乎陈明仁已经从他们眼中的天之骄子落草为寇了。

简陋的乡村小学

陈明仁本来也不想整日闲居在这与世无争的清幽山岭中，见识过外面的世界以后，他越发觉得这种“躲进小楼成一

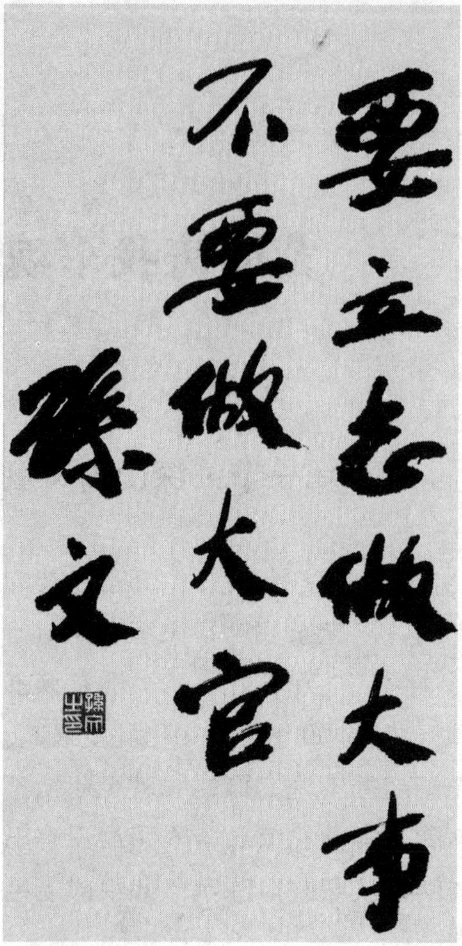

孙中山书法作品

统”的日子对于正值青春年华的年轻人来说，简直就是消磨生命。正好历史的车轮来到了变革的关头，机遇向努力想改变命运的青年露出了微笑。1923 年 3 月 2 日，孙中山先生在广州创建了“大本营陆军讲武学校”，这是中国早期创办的军官学校之一，仿佛给国内的有志青年打开了一扇通往希望的门，人们奔走相告，踊跃报名。恰好时任军政部讲武学校教务长的李明灏等负责人来到湖南省招收新生，消息像长了翅膀一样传遍三湘大地，也飞进了罗霄山脉中的小山村。

陈明仁听到这个好消息，心潮澎湃，波澜顿生。他一路小跑，兴冲冲地闯进自家大门，高喊着：“爹！娭毑！我的机会来了！孙中山先生在广州办了陆军讲武学校！我可以考军校，投笔从戎去了！”哪里知道祖母完全无视陈明仁的热情，不以为然地一口回绝了他。在祖母看来，求学多年的陈明仁花费了家里不少油钱，到头来却只能养活自己，再让他去考军校，又能有多少出息？更何况，这兵荒马乱的，小孩子出去瞎跑，连命都送掉，不如守着家里老婆孩子热炕头，守着这一亩三分地，平平安安过日子是正经。年迈的祖母又怎能体会陈明仁年轻的胸膛里流淌着怎样的热血、怀抱着怎样的家国天下之志呢？任凭陈明仁怎样软磨硬泡，甚至拉来父亲和平素深得祖母喜爱的孙媳妇谢芳如作说客也是刀枪不进，把个头摇得像拨浪鼓似的，以至于父亲和芳如还落下老人一顿数落。这回说什么也不能让这孩子出去瞎折腾了，祖母已经打定了主意。

陈明仁（1941）

陈明仁投军受阻，又不好公然抗命，每日长吁短叹，失魂落魄，郁郁寡欢，更加无心教学，干脆和一些与自己年龄相仿的儿时玩伴每日借酒浇愁，到处游荡。甚至有一段时间，陈明仁沉迷于打麻将赌博，常常跑到邻村的石溪镇去豪饮狂赌。他的牌运不行，就急切地想扳回一局，赌博的人都是这个心理，总期望着“风水轮流转”，总告诉自己“下一把赢了就不玩了”。陈明仁有一次就在这种心理下一输到底，输红了眼的他通宵达旦“奋战”，不肯收手，最后输掉了十四担茶油钱！这可不是个小数目，全家人要勒紧裤带、咬紧牙关辛苦耕作好几个月才能挣出这笔钱来，尤其陈家上有老母下有幼子，还有陈明仁自己的两个儿子，全是等着花钱的地方。天已大亮，陈明仁心忧如焚，如芒在背，站在家门口不敢进门。父亲知情后一言不发，面色灰暗，进屋去看看家里还剩下多少钱可以偿还赌债的。祖母气得操起扁担就向陈明仁劈头砍下来，陈明仁也不躲闪，任祖母惩罚。祖母气急无奈，扔下

石溪镇的小火车

扁担，一屁股坐在地上，捶胸顿足地大声呼号。妻子芳如也是低头垂泪，默默无言，眼里的震惊、失望、难过、不敢相信……种种复杂的情绪交织在一起。她连夜赶制了几匹粗布，加上两匹夏布帐子一起拿到集市去卖了些银钱回来，和父亲陈保廉搜刮出来的一点家底，一并交给陈明仁去偿还债主。家人的态度对陈明仁震动很大，父亲陈保廉也深感不能再留住儿子在家了，看来陈明仁去意已定，强留他恐怕只会让他荒废掉自己。祖母经父亲劝说以后，也只能颓然长叹一声，随他去吧，算是默认了陈明仁投军的打算。

陈明仁在家人和亲友的帮助下凑足了盘缠，便背上青布包裹走出了陈家岭，走出了这湘东巍峨的大山。当时粤汉铁路还没有全线通车，陈明仁取道上海乘海轮辗转到达广州。1924年春，当他风尘仆仆找到大元帅府军政部报考军校时，却被告知名额已满，停止招生了。陈明仁历经辛苦才走出大山，怎能被这困难挡在军校门外呢？他不肯放弃，多方找人打听，得知陆军讲武学校教务长李明灏是自己的醴陵老乡，于是又找到李明灏要求报考。又

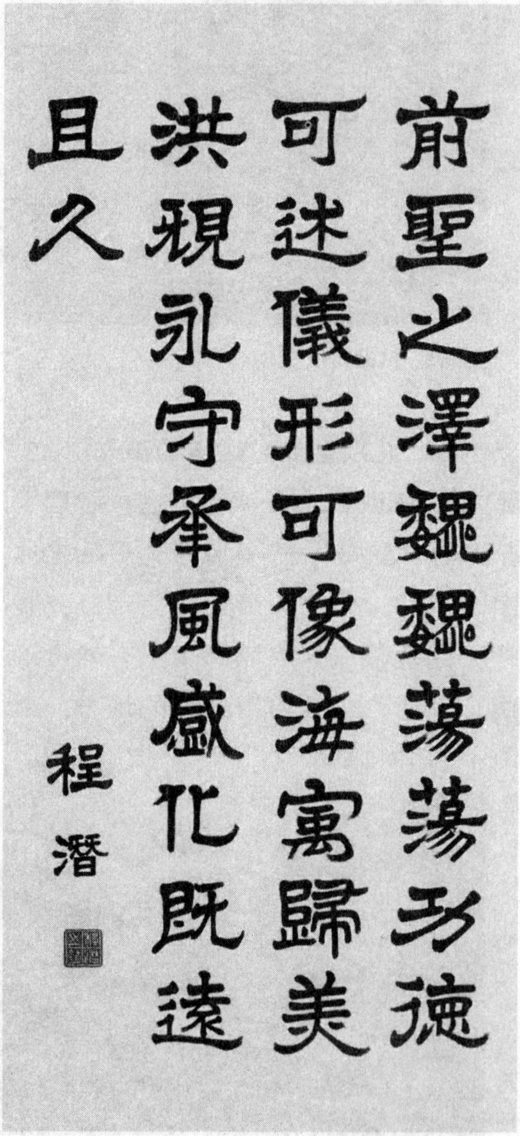

四言诗赞（程潜）

是一个挫折，李明灏告诉他，军政部长程潜正是湖南醴陵人，对其他人来说老乡正好通融，偏偏这位程部长公正清廉，早在军校招生时就明令唯才是举，不得攀老乡、讲人情。幸而陈明仁一身英气勃发、骥子龙文的气质令爱才惜才的李明灏难以割舍，加上陈明仁又拿出了曾给程潜当过科长的族叔陈昉舟和潘培敏的推荐信，李明灏便请示程潜，破例收下了陈明仁这个迟到的学生，只是为免闲话，陈明仁将籍贯改成了浏阳。

武冈壁画李明灏

李明灏（1897—1980），新阳横田人。原国民党第 97 军中将军长。“七　七”事变后，任中央军校武汉分校主任，为抗日战争培训了大批中层军官，被誉为军事教育家。

历史的发展都有自己特定的轨迹，人生的际遇也是妙不可言，每一步总是因果相连，恰到好处。如果不是当日李明灏这一“破例”，恐怕就把一位常胜将军、抗日名将关在了军校的大门外，多年后潇湘大地也就难免一场生灵涂炭、战火纷飞，长沙古城必将毁于一旦，再要重建只怕是延误了多少年前进的脚步！于故乡的小山村而言，陈明仁这一次的离开就没有再转身回来了，他循着罗霄山历史上走出去的那些先贤志士的脚步一路向前，意气风发，像深山里飞出的凤凰一样一飞冲天，长鸣九天。

第二节 我是黄埔一期生

“青年如初春，如朝日，如百卉之萌动，如利刃之新发于硎，人生最可宝贵之时期也。”陈明仁最好的青春岁月应该就是从军校时期开始的，尤其是黄埔军校那一段是他成为“能战之将”、“常胜将军”道路上最不可或缺、至关重要的关键时期。黄埔给他的不仅仅是战术战法等军事技能方面的教育，更铸造了他奋发蹈厉、亲爱精诚的军人气质和铁血丹心、效命疆场的拳拳军魂。不过，陈明仁最初进入的是大本营陆军讲武学校，后来进入黄埔军校成为富有传奇色彩、藏龙卧虎的黄埔一期生还有一段辗转的经历。

讲武学校一共招收新生400多人，一批从上海、汉口、湖南等地招收的新生分别被编入第1、第2队，学制一年，学习战术、筑城、兵器、地形、交通等主要课程。另外一批从广州政府军队中抽调过来的优秀班长则被编在学制只有半年的第3、第4队。陈明仁隶属第1队，和他同期在讲武学校学习的还有陈赓、左权、邓文仪、张际春、袁仲贤等，这些名字后来都为人们所熟知。

左权

讲武学校由时任军政部长的程潜任校长，他在开学典礼上身着戎装，佩剑冲星，讲话慷慨激昂、铿锵有声，威严的军人形象就是最好的范本，给学生们留下了深刻的印象，纷纷向往不已，这可能是这批年轻学员军旅生涯中最早的坐标。由于当时各系军阀割据势力把持财政，孙中山先生在经济方面非常拮据，讲武学校建校初期，常常面临囊中匮乏的困境。程潜和当时的财务部长、军需总监廖仲恺先生为了保证学校正常开办，绞尽脑汁，想方设法筹措经费，甚至有时还节省军政部职员的伙食费来移作学校经费。但是学校教课和管理完全承袭了旧式军阀部队的做法，不仅校内氛围时常处于高压状态，对学生要求也较为苛刻，时常打骂或体罚学生，遇到问题还不得提出异议，必须绝对盲从。当然，军队讲求的就是绝对服从，尤其对陈明仁来说，能走出大山投入军旅的机会实在是来之不易，他更是备感珍惜，所以即使有诸多不如意，陈明仁依然勤奋学习、刻苦训练，各科都表现优异，深得好评。

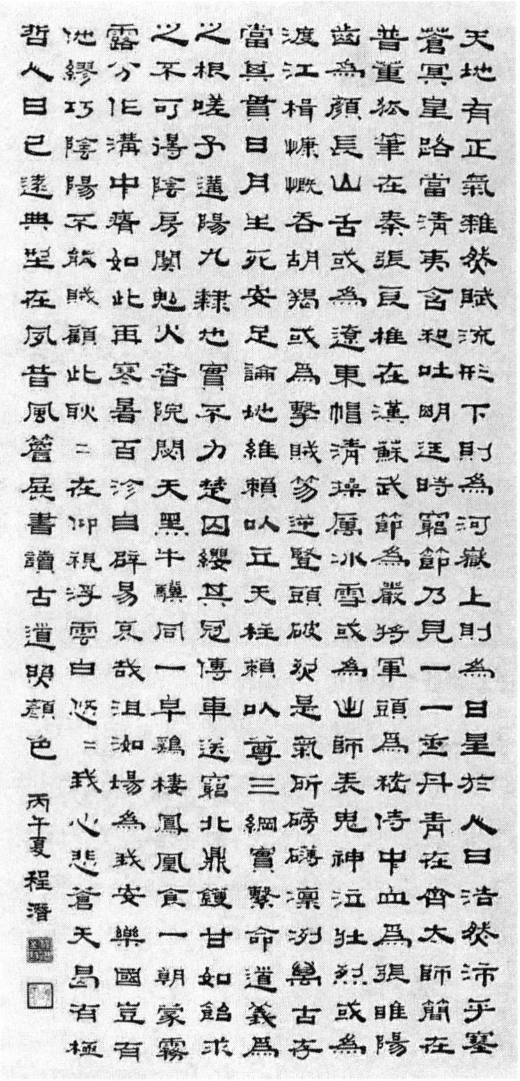

正气歌（程潜）

军校训练艰苦，年轻人正处在长身体的阶段，更需要体能上得到有效补充，但是学校膳食等生活条件每况愈下，实在令人难以忍受，可是学监周贯虹向来对学生压制严苛，又素喜独断专行，

陆军讲武学校旧址

学生们都是敢怒不敢言。陈明仁从小便敢作敢为，不畏强权，此时他振臂一呼，号召学生们应该起来同学校沟通，提出改善生活的要求。同学们都受到感染，全体拥护这个决定。当下便由陈明仁执笔上书学校，言辞恳切，在情在理，并有几个胆大的跟着陈明仁一起去提交请愿书。结果，周贯虹不仅未实事求是地采纳学生们的合理建议，反而因为请愿书击中学校时弊恼羞成怒，传令集合全校学生，当众宣布这次请愿事件乃是“严重违反纪律”、要“造反”的“不法”行为，当军法处置。并且尤其要追究为首学生的责任，责以军棍。陈明仁挺身而出，承担责任，领受了三十军棍。但他内心对校方这种不分青红皂白、不体恤民情的做法非常不认同，对学监周贯虹这种色厉内荏的行为更是心存不屑。可惜周贯虹这种以儆效尤的做法并未起到他想要的效果，讲武学校的学生们不但没有畏缩，反而更认清了校方的军阀作风，纷纷为陈明仁受罚打抱不平，陈明仁在讲武学校学生中的威信有增无减。

虽然在要求校方改善伙食事件中，陈明仁作为反面典型被校方严惩，但这并没有让陈明仁稍微改改他那率直勇为的脾气。不久之后发生的“请愿事件”中，陈明仁再次成为风波里的“出头鸟”、“领头羊”，在某种意义上促成了两校合并，最终使自己以及同仁如愿以偿汇入黄埔军校，成为历史上极富传说性色彩的“黄埔一期生”。

孙中山书法作品

1924 年秋天，孙中山先生受冯玉祥邀请，离开广州北上赴京。北伐战争即将拉开序幕。而讲武学校校长程潜受命为攻鄂军总司令，也将率部挥师北伐，不再分管校务。孙中山先生决定讲武学校和黄埔军校两校合并，由蒋介石任校长。讲武学校第 3、第 4 学员队已经完成了半年的学习，由程潜为他们举行了隆重的毕业典礼以后，编入国民革命军，跟随着校长程潜告别羊城，开赴武汉。

孙中山先生临行前再次来到讲武学校视察，并对全体学生训话，“联俄、联共、扶助农工”的三大政策和反帝反封建的宗旨在孙中山先生富于激情与正义感染力的训话中深入人心。陈明仁作为第 1 队学员聆听先生的训话时，深为其解放国人、实现民主的革命理想所折服，更坚定了自己投身军旅、献身革命的决心。想到即将踏上四面环水的长洲岛，汇集到黄埔军校那火热的生活中去，陈明仁更是心潮澎湃。黄埔军校自从 1924 年创立以来，成为多少中华男儿心驰神往的梦想之地！有多少高瞻远瞩、富有卓见

黄埔军校正门两侧的对联

的领导者汇聚在这一历史的时刻！有多少才华横溢、诲人不倦的教官云集在这一方天空之下！有多少志存高远、心怀天下的热血青年通过黄埔那扇古朴的大门而踏上梦想之地！校门口的对联铁面森严：“升官发财请往他处；贪生畏死勿入斯门。”“革命者来”，简单的四字横批没有过多的言辞修饰，简明扼要，掷地有声，却蕴含着殷切的期盼和对同志的谆谆情谊。

然而，陈明仁与同学们满心期盼着的两校合并却迟迟没有动静，以周贯虹为代表的校方似乎在孙中山先生训话之后就忘了合校这回事。不久又传来消息，周贯虹被广州政府任命为赣军总司令，第 1、第 2 学员队将提前毕业，随周贯虹一起分配至赣军，眼看大家想要成为黄埔军校一员的心愿即将成为泡影，讲武学校的学生们对此议论纷纷，愤慨而茫然。大家推举了以陈明仁为首的 12 名学员代表向校方请愿，要求进入黄埔军校完成未竟的学业。但是校方不仅置学员们的心愿于不顾，还对他们横加指责，无理谩骂。陈明仁怀着满腔的愤懑和心底激昂的豪气振臂直呼：“同学们！我们冲出校门，投奔黄埔军校去！”学员代表们在陈明仁的感染下也纷纷跟随他冲出了讲武学校的大门，直奔黄埔军校而去。时任黄埔军校的校长蒋介石接见了他们，了解到讲武学校学员请愿的具体情况以后，表示必将促成两校合并之事，并派秘书袁同畴护送代表们回到讲武学校。谁知袁同畴离开以后，校方立即扣押了为首的陈明仁，并开除了这 12 名请愿代表的学籍。

校园内沸腾了，学员们聚集在学校办公楼前，群情激奋、斗志昂扬，要求释放陈明仁，恢复代表们的学籍。校方为了安抚学员情绪，只好息事宁人，表示如果各区队长联名担保，可恢复代表学籍，并应学员要求安排陈明仁在全体学员面前讲话，以求调解。谁知陈明仁根本不为校方的态度所动，不但拒绝了校方的调解，宁可被开除，进而大声疾呼，号召学员们闯出校门投奔黄埔。陈明仁本来就在学员们心里颇具威信，他的号召更是如一声春雷激起了渴望深造的学员们心底的波澜。讲武学校就像一个爆炸前的炸药桶，浮躁不安，充满了危险的气息。陈明仁带领第一拨请愿的代表离开了讲武学校，暂时栖身小旅馆，一边与黄埔军校校长蒋介石取得联系，一边策动讲武学校学员派出代表不断向校方提出抗议，要求两校合并。气急败坏的校方没有领会到陈明仁此举的深意，对于前来请愿的学员代表一概开除。直到“请愿——开除”的模式循环往复，以致讲武学校学员骤减，“周贯虹”们才意识到上了陈明仁等学员的当。讲武学校校方人员意识到学员渴望进入黄埔军校之心殷切且不可逆转，乃是群心所向，无奈之下，周贯虹等与黄埔校方达成一致，启动了陆军讲武学校与黄埔军校合并之事，但是要求蒋介石不能接收第一批请愿的学员，尤以陈明仁为甚。蒋介石一面与周贯虹虚与委蛇地周旋，一

楷书八言联（蒋介石）

面已经派人将陈明仁等人接入黄埔军校，编入第一期第 6 大队。

第三节　黄埔军中日月长

蒋介石戎装照（1923）

黄埔军校在中国近代史上是一个振聋发聩的名字，半个多世纪过去了，黄埔旧址已经成为后人旅游观光的景点，当年的少年已经白发飘然，或是红尘不再，渐行渐远成为逝去的历史风景，似乎逐渐在淡出人们的视野。然而，黄埔军魂却如光耀夜空的恒星，深深地映照在中国军人的心中，近代军事政治风云中，黄埔人的音容笑貌、卓越风姿仍然散发出独特的魅力，让后人追思不已。当时的黄埔军校按照步兵、马兵、炮兵、工兵、辎重、政治等各个科目将学员们编成不同的小队，分散在蝴蝶岗等驻地，每日的教育和训练日程安排得紧张而繁重，教室、宿舍、伙房等房屋建筑甚至大都是草房，条件十分艰苦。然而，可以套用刘禹锡的一句“斯是陋室，惟吾德馨”来说，就是这样一所简陋的学校、这样贫寒的生活条件，却吸引了当时中国大部分的热血青年，他们怀着救国救民的远大志向，从各地汇聚长洲岛，团结在以廖仲恺、蒋介石、邓演达、周恩来、聂荣臻、恽代英、萧楚女等时代先锋的身边，在“怒潮澎湃，党旗飞舞”的时代，

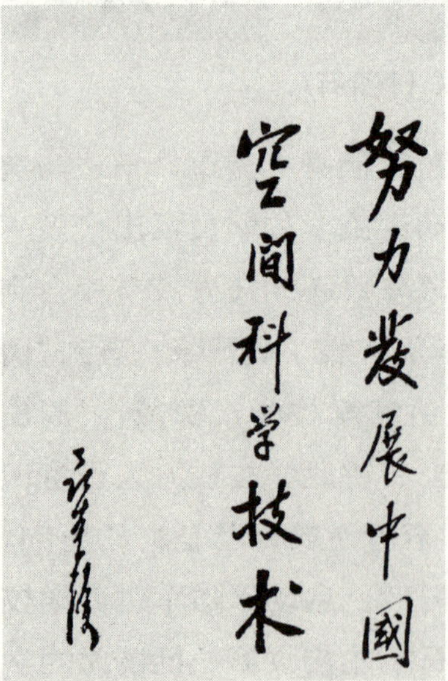

聂荣臻书法作品

本着“亲爱精诚”的校训，以“打条血路，引导被迫民众”为要旨，闻鸡起舞，勤练不辍，军营中充满着一股肃穆威武之气。

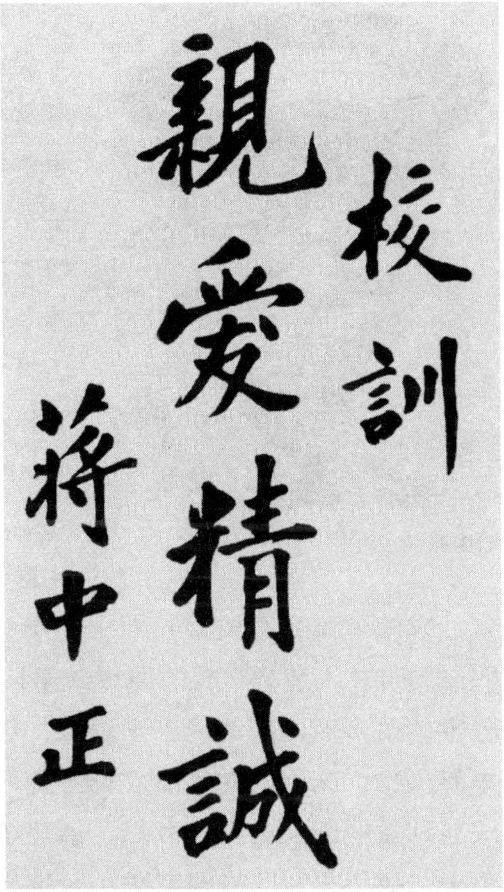

黄埔军校校训（蒋介石）

黄埔军校在短短的半年时间内，培养出一批又一批的良才美玉，哺育了一代将星璀璨，其中尤以黄埔一期生为甚。细数近代史上那些风云人物，无论是姓共姓国都是战将如云，无论是人中龙凤还是乱世枭雄，大多出自黄埔，或是与黄埔军校渊源颇深。当时的一期生流传着“文有贺衷寒，武有胡宗南，能文能武李默庵”的说法，更有“黄埔三杰”、“黄埔四巨头”、“黄埔八大金刚”等种种称号，可谓是八方精英汇聚黄埔，打造一代黄埔将星谱，辉耀后世。传奇般的黄埔一期生，无论在当时还是今日，每一个名字都是让人听来回肠荡气，豪气冲天。在人类军事史上，很少有一个军校能像黄埔军校那样，在那么短暂的时间内，对一个国家的历史和命运产生那么巨大的影响，“生我者父母，育我者黄埔”，这句话大概道出了黄埔人共同的心声。当年黄埔军校是促成国共合作的桥梁，而今一水隔天涯，黄埔情又成为连接海峡两岸的重要纽带。“渡尽劫波兄弟在，相逢一笑泯恩仇”，当我们再回首那段峥嵘岁月，审视那场你死我活的是非恩怨，更能明晰那激荡的历史风云，深味那份深沉而又难言的黄埔情仇。

蔡申熙

秋风萧瑟洪波涌起，嘹亮的军号把我们拉回到了1924年，云蒸雾漫的黄埔岛，旷日持久的“请愿事件”终于落下帷幕，陈明仁和学员们一起凭着一腔热血和智慧谋略实现了跻身黄埔的心愿，汇入了革命军人的大熔炉。黄埔岛上的生活虽然紧张而清贫，却是如朝阳般清新而充满了蓬勃的力量，陈明仁夙兴夜寐，全身心投入到训练学习的生活中。也许陈明仁还未能清楚地意识到，自他立在黄埔军校的门口，成为了黄埔军校第一期生，便从此立在了历史的潮头。与陈明仁同时并入黄埔军校的原讲武学校学员一共146人，其中左权、陈赓、蔡申熙、丁德隆、李默庵、邓文仪等后来都是名噪一时的军界人物，在不同的政治立场下他们曾各为其主，而为了相同的民族利益他们又曾同仇敌忾，谱写了一部可圈可点的近代中国军事史、战争史、民族国家史。黄埔幸甚，陈明仁幸甚，在这个历史关头进入了这方神圣殿堂，便是黄埔这座大熔炉中铸造出来的利剑，自从东征发出惊天一击以后，光芒愈盛，当者披靡，成为中外驰名的骁勇善战的黄埔虎将。

当时的黄埔生在不同的政治倾向下形成了两大派别，一部分左派学员向中国共产党靠拢，成立了“青年军人联合会”，而另一派学员则针锋相对组成了“孙文主义学会”，奉行国民党的政见。陈明仁不愿意搅入政治派别的纷争，认为一个真正的军人应该是一名纯粹的军人，要远离空泛的政治，将精力集中在怎样打好仗的事业上。不过，当党代表廖仲恺作入党动员时，陈明仁还是选择了加入国民党。

在黄埔军校这一段时间，陈明仁幸遇了战术教官刘尧宸。陈明仁延续了他一贯以来的学风，善于思考、勤耕不辍，军事训练

青年军人联合会代表合影

黄埔军校成立了以共产党员和青年团员为骨干的中国青年军人联合会，图为该会部分代表合影，前排左四、五分别为周逸群、蒋先云。

刻苦严格，他良好的军事素质很快引起了教官的注意。刘尧宸富有战争经验，战术十分高超，见多识广，治学严谨，不仅胸中有丘壑，为人亦有侠气，行为之间豪放潇洒。他从不以教官身份压人，在战术的教授课上总是鼓励学员积极思考，踊跃讨论，只要能提出自己的见解，即使与他激烈争论也毫无关系，他反而会认为对方思维敏捷、富有个性而另眼相待。正因为刘尧宸战术精湛又思想开明，由此深得学员的敬重。陈明仁在刘尧宸的课上学到了很多经典的战争案例，课余他还经常和刘尧宸交流自己思考的心得或者是一个新鲜而不敢自我确认的想法，教官很多恰到好处的点评或者是精微深刻的引申都能点燃他思维的火花，让他仿佛从一片混沌中看到了通往战场的光亮，开阔了他的思路，拓宽了视野。为了精进战术，陈明仁还经常到刘尧宸家里借阅各种兵书，刘尧宸也很乐意将自己多年的经验倾囊相授，对陈明仁在军事上表现出来的特质和天才特别欣赏，一来二去，师生情长，谈笑晏晏，耳提面命。某种意义上，陈明仁与刘尧宸实际上是亦师亦友，他日后驰骋沙场、常胜不败的战绩，与他自己的勤奋钻研分不开，

刘尧宸

也与黄埔岛上这段相互砥砺、非常难得的师生情谊有莫大的关系。在陈明仁踏入黄埔行列的征程中，幸遇刘尧宸，正是一块璞玉遇到了技艺高超的琢玉大师，才成功地将一块顽石打磨成了温润的美玉良材。陈明仁回忆自己戎马倥偬的生涯时，深情地说："刘尧宸是给我一生影响最大的人。"

第四章 锋芒初露显将才

第一节 东征淡水牛刀小试

1924年陈明仁从黄埔军校毕业，任黄埔教导第2团第2营见习排长。黄埔教导团是由蒋介石发动和组建的，号称“千军之源”。该团人才济济，特别是由黄埔师生进入该团任军官职务者，人中龙凤不乏有之。可以说迈进了教导团，就迈入了国民党军事精英的行列。

教导1团团长是闻名遐迩的何应钦，党代表是王登云。何应钦，字敬之。祖籍江西临川，贵州兴义人。毕业于日本士官学校。1909年加入同盟会。1911年参加辛亥革命。在黔军历任营长、团长、旅长、军参谋长等职。1922年夏任云南讲武堂教务长。1924年春任广州孙中山元帅府参谋。后来任黄埔军校少将总教官，兼任教导1团团长。

王登云，别字宗山。陕西醴泉人。国立北京大学法学院预科、美国威斯康星州立大学政治经济系、华盛顿乔治亚城大学毕业。1921年回国，任孙中山大元帅府英文秘书。1923年任广东革命政府驻美国联络处马素延秘书，并加入国民党。参与了黄埔军校的筹建工作。历任黄埔军校校长蒋介石的中校英文秘书，兼军校政治教官，军校教导第1团党代表。

教导2团团长王柏龄。字茂如，江苏江都人。出身江苏名门，14岁入读南京陆军小学，毕业后转往保定速成学堂，与蒋介石为

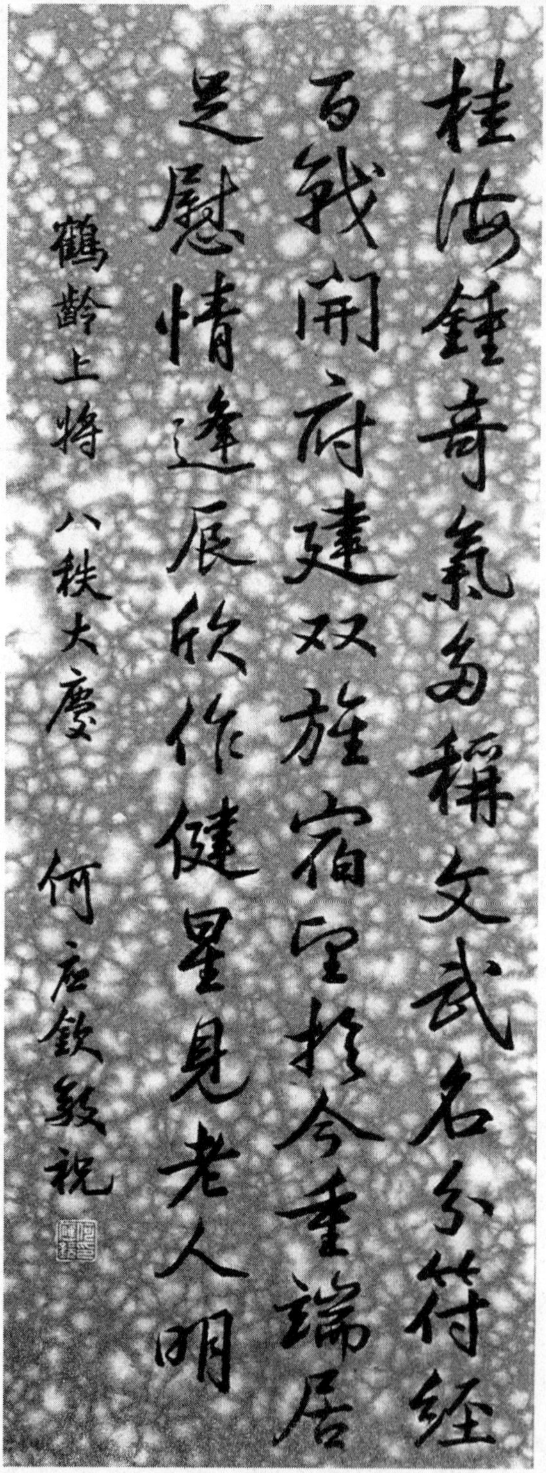

何应钦行书五言诗

同学。之后往日本留学，先进入振武学堂，于同时加入同盟会。毕业后在日军中实习，后进入日本陆军士官学校十期炮兵科。1915 年于陆军士官毕业，1923 年往广州，参与创建黄埔军校，任军校教授部主任。

2 团党代表张静愚，原名张保，字精一。山东高唐县鱼邱湖街道办事处南街人，士绅家庭。1910 年考入省立济南农业学堂。欧战时在清华学校应招赴欧，英国利物浦工学院毕业，习机械工程科。1924 年回国，先任广州国民党中央党部秘书，后入黄埔军校，任蒋介石的英文秘书。

从这两个团的领导人身份来看，都是才高八斗、身份显赫之辈，并且都可谓是蒋介石的左膀右臂，黄埔教导团由这四人领导显见其地位的特殊性和重要性。

也正是这样的时候，陈炯明准备回打广州，夺回孙中山在广州的政权。

时任教导第 2 团团长的王柏龄

1925 年，第一次东征开始。黄埔教导团主动进攻淡水城，意向直指陈炯明的总部惠州。富有戏剧性的是，当时担任进攻方的东征军已经由两个团在短短的几个月内发展到了近 3 千人，而守城敌军也是 3 千余人，大有以一拼一的感觉。但此时已经不是冷兵器时代，火枪大炮已经发挥了作用，所以这是一场见血见红、斗智斗勇的硬战。

张静愚

此时担任攻坚先锋的是黄埔教导 2 团的第 2 营和第 3 营，2 营营长刘尧宸，党代表季方。3 营营长金佛庄，党代表郑洞国。刘尧宸、季方是黄埔军事教官，理应身先士卒做出表率。金佛庄、郑洞国是黄埔一期高才生，更应一展英姿，表现自我。蒋介石特意将这两个营做先锋用意非凡，必须初战即胜，打出士气，鼓舞人心。

战争开始，场面异常凶猛。一阵炮火声后，身穿灰色军服的黄埔军人，如潮水般涌向淡水城。淡水城城墙坚固，历经炮火后只是小伤了城墙皮毛，一个缺口也没有炸出来，所以只能靠云梯进城。敌军城墙上守军机枪猛烈，冲在前面的黄埔军人纷纷倒下。

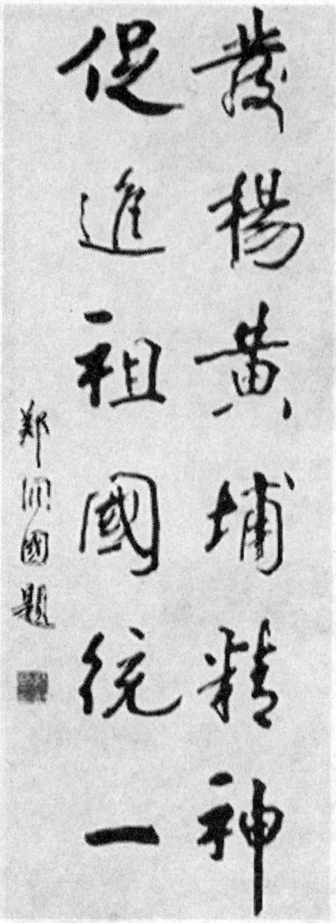

郑洞国书法作品

有几个战士躲过了密集的子弹，随金佛庄、郑洞国靠近城墙下沿。金佛庄一声令下，战士们将云梯搭上，并留人梯下掩护，几个勇敢的身影迅速随梯而上。好一场短兵相接，砍刀、短枪、长枪、手榴弹……刀光剑影，血肉横飞……城墙上守敌太多，攻墙官兵气势渐弱，云梯被墙头守军推倒，先锋部队的战士们不断倒在枪炮声中。郑洞国大喝一声："集中射击五号据点！"

只见墙头一角，众枪齐发，城头枪声嘎然而止。数张云梯从此角顺墙而上打开了一角，兵败如山倒，立刻就把淡水这面宛如铁桶的城墙撕开了一角，黄埔军人如水涌进，在最短的时间内占领了城墙，守城之敌见大势已去，纷纷投降。淡水一战在不到三个小时内结束，

第 1 军野炮兵

1925 年 10 月 14 日，国民革命军攻克惠州，第 1 军野炮兵在惠州城北门外合影。左右竖起的是敢死队登城用的梯子。

黄埔学生军大获全胜。

黄埔军校时期的陈明仁

陈炯明一部得知淡水被困，慌忙派人来救，这支队伍人数众多，来势汹汹。但是还没到淡水城边，就被在那里守株待兔的刘尧宸第2营拦截在一个小洼地上。刘尧宸人数虽少，但是占据了有利地形对敌人猛烈攻击，陈明仁带领一排人员冲锋在前，就像小时候玩的“岳家军”游戏一样，他们充分利用有利的地形掩护不断向敌人射击。一时间敌人哭爹叫娘，死伤无数。但是有的敌人虽被打散，毕竟平时训练有素，竟然各自为战、发疯似地对黄埔学生军展开反攻击。一时场面非常混乱、火爆。

黄埔学生军和陈炯明部绞成一团。无奈敌人人数众多且武器精良，黄埔军伤亡人员越来越多。团长王柏龄见此情况，心惊胆寒，心生退意，竟然置官兵于不顾，从指挥所溜出来，径直逃走了。本来黄埔军就处在下风，这下更是群龙无首，兵败如山倒。远在总指挥部的蒋介石得知这个情况马上改变战术，命令钱大钧代理2团团长指挥战斗，第1团和随团粤军火速增援。增援部队一到，战场情况就发生了改变。第1团和第2团联合发起了一次反冲锋，冲锋在前的仍然是陈明仁所在的第2团第2营。军号声声、杀声震天，陈明仁一身是胆，怀抱一支机枪，不顾枪林弹雨冲入敌群，带领第2营战士左砍右杀，所向披靡，令敌人心惊胆寒，抱头鼠窜。

黄埔军乘胜追击，2月17日，在惠东平山羊塘圩遭遇陈炯明的洪兆麟部。洪兆麟是湖南宁乡县西冲山人，原将军府洪威将军、粤军副总指挥兼第2军军长、潮梅护军使。该人胆大妄为，其兵多为湘人，骁勇善战。但是，东征军一来，军心动摇，愿战者少，

粤军第 2 军军长洪兆麟

等到枪炮声一响，不费几多工夫，便都化为鸟兽散。

洪兆麟部大败，陈炯明大动肝火，林虎主动请缨，要和黄埔军一决高下。林虎，原名荫清，字隐青，广西陆川人，号称寰威将军。林虎这支部队，以广西人为主，身材不高，擅长巷战。

这场战斗从一开始就注定是残酷的。黄埔军勇敢顽强，但林虎的广西军更具有战斗经验。战斗打响后，林虎依仗人多势众，采取人海战术大军压阵，想把黄埔军一口吃掉，首攻 1 团 1 营阵地。1 营营长沈应时，黄埔军校教练部总队长，有勇有谋，颇具章法，林虎久攻不下。转攻 3 营阵地，3 营营长王俊，黄埔军校军事教官，沉着冷静，来敌讨不到丝毫便宜。敌人且退且寻找新的机会，林虎老奸巨滑，在 1 营和 2 营之间寻找到一个空档，正好发挥广西军巷战的特长。说来巧了，这条小巷深处正是一团指挥部的位置，他们歪打正着。担任指挥部警卫的是 2 营，2 营本是预备队，没想到在这个旮旯角上遇到强敌。2 营营长刘峙，黄埔军校军事教官，此时掏出驳壳枪，也投入到近身战中。

勃留赫尔

1 团指挥所同时又是总指挥所，此时，勃留赫尔（加仑将军）、蒋介石、周恩来、何应钦、王登云正在此指挥作战，研究战法。情况十万火急，黄埔军前赴后继，死伤无数，敌人越来越接近指挥所，枪声越来越密集。蒋介石和加仑将军、周恩来商议此时必须发动一次反冲锋，否则黄埔军危在旦夕。

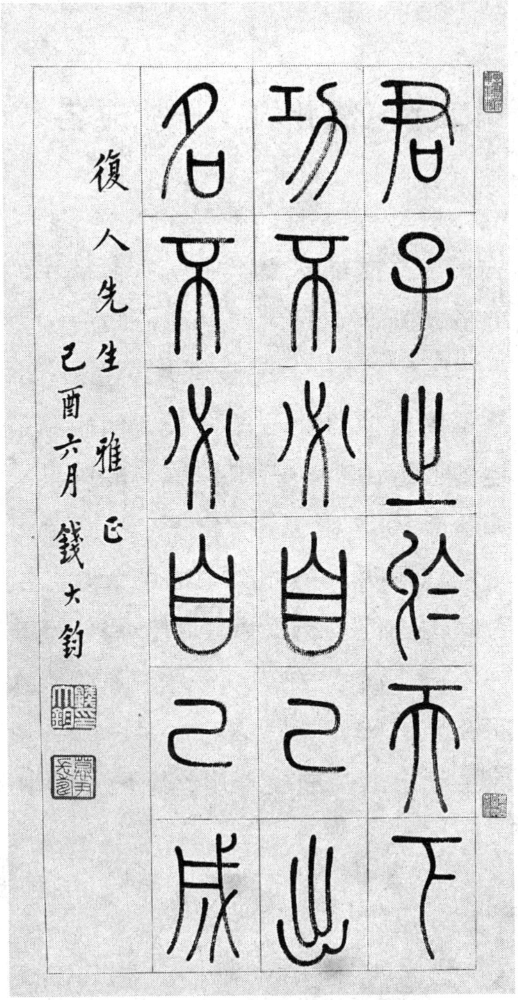

钱大钧书法作品

冲锋号已经吹响，冲锋在前的是周恩来，一时间军心大振，杀声震天。此时2团正迅速赶来，无奈新上任的团长钱大钧犹豫不决，到达目的地后没有接到命令不敢下决心是否形成合围。这时候只见2营营长刘尧宸主动请缨：“团长，此时再不发动攻击一切就晚了。”钱大钧仍然在沉默。

刘尧宸见状心中愤懑，战机一旦被贻误，将给军队带来巨大损失，他不顾一切掏枪向天上一指，虎吼一声：“不怕死的就跟我来！”说罢，刘尧宸身先士卒扑向劲敌林虎，陈明仁带领1排士兵紧跟在营长身后勇猛向前。刘尧宸和陈明仁已如离弦之箭不可挽回，在军中引起极大影响，士气涌动，急欲一战，钱大钧见状十分无奈，不得不下令2团主动攻击，对林虎一部进行反包围战斗。敌人此时成了瓮中之鳖，丢兵弃甲，好不狼狈，黄埔军大胜而归。第一次东征至此取得胜利。

第二节　惠州城上一战成名

1925年4月，教导1团与2团合并为党军第1旅，何应钦任旅长。这支部队集中了所有黄埔军的精华，开始为第二次东征作准备。同年7月，广州革命政府成立，对所有军队进行整编，成立“国民革命军”。全军共成立五个军，其中第1军由黄埔党军和粤军组成，蒋介石任军长，何应钦任副军长。可以看来这是一支地地道道由蒋介石组建培养的部队，这也是后来所说的蒋介石的嫡系部队。

陈炯明在第一次东征中大败，心中不甘，卷土重来。短短的时间内，他重新占领了潮、梅各地与东江流域。革命军被迫退守在平山、淡水一带。9月，陈炯明大张旗鼓，准备进攻国民政府所在地广州。国民政府命系一线，解广州之危迫在眉睫。革命政府主动出击，进攻惠州。惠州一战事关重大。

陈炯明肖像

国民革命军攻城总指挥由蒋介石担任，汪精卫为党代表，周恩来为政治部主任。下设三个纵队：第1纵队以第1军为主力，何应钦为纵队长，兵力约1.5万人。第2纵队以第4军为主力，李济深为纵队长，兵力约1.2万人。第3纵队由援粤部队为主力，程潜为纵队长，兵力约6千人。

守城敌军杨坤如，字达波，惠州人。绿林响马出身，原粤军第5师师长。其人作战凶猛，常出异招。惠州城三面环水，易守难攻，号称“南中国第一天险”，这

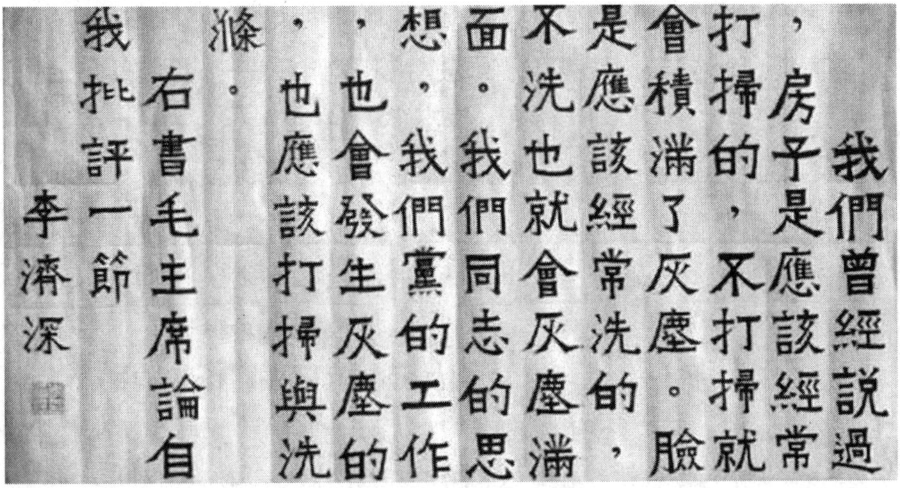
我們曾經說過
，房子是應該經常
打掃的，不打掃就
會積滿了灰塵。臉
是應該經常洗的，
不洗也就會灰塵滿
面。我們同志的思
想，我們黨的工作
，也會發生灰塵的
，也應該打掃與洗
滌。
右書毛主席論自
我批評一節
李濟深

李济深手迹

李济深（1885—1959），字任潮，广西苍梧人。黄埔军校副校长，原国民党高级将领，中国国民党革命委员会主要创始人和领导人之一。

对进攻部队造成了很大的难度。

此时的陈明仁已经由中尉排长升为第1军第2师4团1营2连连长。4团团长刘尧宸在第一次东征中见陈明仁作战勇敢，有心重点培养他。1925年10月11日，惠州攻坚战打响。1纵主攻中路，2纵、3纵分别在左路和右路。主攻方向1师1团和2师4团任前锋，陈明仁所在的1营担任了攻坚任务。

说来不巧，这天陈明仁正好生病，知晓战斗命令下达后非常踊跃，强忍病痛主动参战。战争打响，革命军奋不顾身，前赴后继，勇敢冲锋。守城敌人踞险临高，负隅顽抗。战争一开始就进入相持阶段，敌军不出，革命军难进，如此僵持下去势必对革命军大为不利。蒋介石和周恩来、何应钦等人决定出一奇兵，趁炮火掩护之

黄埔时期的何应钦

时由一支敢死队爬城开门。这支敢死队很快就成立了，陈明仁为敢死队长。敢死队成员多为第2连精壮青年，个个都将生死置之度外。

第二回合开始。炮声骤响，连绵不断，成百发炮弹一时间飞向惠州城，北门顿时伤痕累累。此时此刻，敢死队借着浓浓炮火的掩护来到城墙根。惠州城四面有水，进城必须经过通往城门的吊桥。团长刘尧宸身先士卒，陈明仁带敢死队紧紧跟上。一接近城墙，就被守城敌人发现，机枪立马扫射过来，枪声响过处，几名敢死队员英勇献身。此地不能久留，刘尧宸一声令下：强攻。突然，一颗冷弹飞来，正中刘尧宸额心，脑浆四溅。陈明仁见状痛苦万分，擦干眼泪，大喊："敢死队，冲啊！"只见敢死队发挥了自己良好的军事素质，借着土包，利用枪响的间隙，冲到了城墙下面。正准备架梯上墙，突然才发现刚才过桥的时候，几张云梯已经被炸成几节。情况十万火急。这时候第2营营长杜冷率另一支敢死队前来接应，真是雪中送炭。

一架云梯架上墙头，两架云梯架上墙头……后面指挥所将这一切都看在眼里。三发信号弹直上云霄，冲锋的军号高傲地响起，后续部队蜂拥而上。这时候陈明仁腰插手枪，手握几颗手榴弹，攀在云梯中间。突然旗手中弹从上面掉了下来，陈明仁及时接住了军旗，他敏捷地爬上城墙。将手榴弹往敌阵中一扔，一声爆响，敌人血肉横飞。守敌抱头鼠窜，纷纷逃走，陈明仁乘胜追击，后面紧跟着敢死队员，左右挥刀杀敌，径直将青天白日旗插在了城楼的最高处，军旗飘扬，军心大振。

西门被破，蒋先云率先攀上了城墙。炮轰东门，东门被破，杨坤如悄

然逃走，如丧家之犬。

蒋介石从望远镜里看到了胜利的场面面带微笑，突然看到陈明仁将军旗插上城墙，左右英勇杀敌的一幕，他情不自禁地问："这个手持军旗，第一个登上城墙的是谁?"站在蒋介石旁边的李明灏回答："您的学生陈明仁。"蒋介石大喜，说："如此英勇，不愧是我黄埔子弟，要给他专门开个庆功会。"

黄埔骑兵

10 月 15 日，蒋介石、周恩来、何应钦、李济深、程潜、苏联顾问鲍罗廷等人，在惠州召集全体官兵召开庆功会，并邀请陈明仁走上城楼。蒋介石亲自带头高呼口号："向陈明仁看齐。"然后，吹三番军号，表达对英雄的尊重和敬意。尔后对全体有功人员立功嘉奖。陈明仁当场被宣布为第 4 团第 3 营少校营长，此时的陈明仁刚刚 23 岁。

惠州战役大挫敌军，第 1 纵队继续北上和第 2 纵队会师，直至 11 月 4 日，收复东江全境，奠定了北伐战争的基础。

第三节　重返黄埔岛

正当革命如火如荼之时，陈明仁却接到了蒋介石的命令，马上回到黄埔军校担任教官培养新人。陈明仁很困惑，战争才刚刚开始，不能上阵杀敌，却还派往后方。但是他对蒋介石的领导艺术深信不疑，军人以服从命令为天职，所以他还是欣然接受了。

蒋介石一贯严于律己，在黄埔军校处处作表率。他对于学校

黄埔军校校长蒋介石

管理提倡“严”字，严格军纪，毫不留情，违者重罚。他对军纪解释为纪律和纪纲，纪律是用法律维持秩序，保持系统的稳定。纪纲是三纲五常，长幼有别，上下有序。虽然现在看来有一些狭隘，但是当时在黄埔确实取得了一些效果。蒋介石青年时期考入保定军校，尔后在日本士官学校接受预备教育三年，曾在日本北海道日军联队军事见习一年，有丰富的军事理论知识。在日本期间，他秘密加入了同盟会。辛亥革命开始后蒋介石毅然回国，参加二次革命、护国、护法等战役，积累了丰富的战斗经验。他平时不抽烟，不喝酒，腰杆笔直，表情严肃，颇具军人风范。在黄埔军校中，不少学生对他崇拜有加。

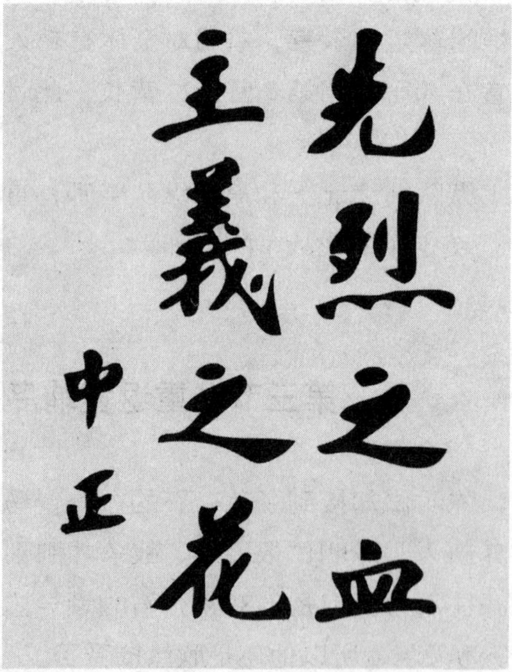

蒋介石书法

蒋介石对黄埔一期生也是特别照顾和关心，毕竟一期学生花费了他大量的心血和精力。每天和学生同吃同住，朝夕相处，耳提面命，亲如兄弟，情如父子。在仕途上他也总是对一期生青眼有加，多方照顾提携，在生活上力所能及之处给予帮助和支持，一期500个学生中几乎没有他叫不出名字的。

历经两次东征以后，北伐战争前夕黄埔一期生已经不足150人。蒋介石唯恐革命种子断绝，同时也为了培育新人，所以，他力荐陈明仁等人回校任教。让陈明仁回校任教他也是经过了一番考虑，榜样的力量无穷，他作为攻城的英雄首先就是一面精神的教科书，同时陈明仁军事素质好，头脑灵活，是个非常合格的人选。陈明仁就是这样又走进了黄埔军校。

戴安澜将军

陈明仁进了学校专心带兵训练，一直带到1930年黄埔军校停办到南京的中央军校开始。这一段时间里陈明仁度过了他人生中最紧张充实却又心态最平静的一段时光，在这里，他亲眼目睹了一些后来成为国共要人的人物最青涩的阶段。在每一期学员中总会有星星闪光，只是多少不一，程度不一。

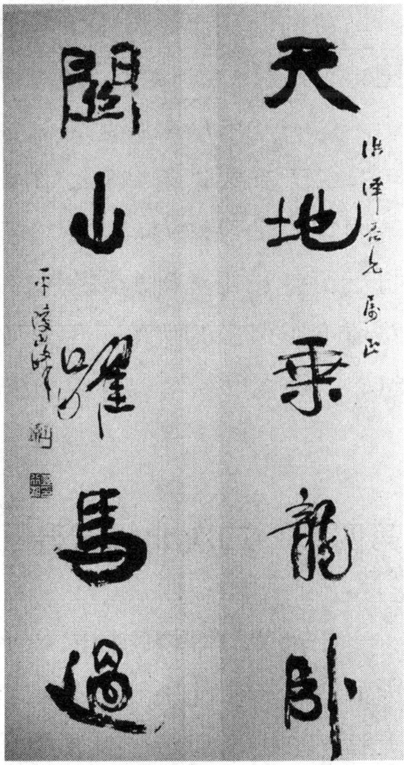

邱行湘手迹

黄埔三期生中，有后来在国民党方面权位最高的“台湾陆军总司令”刘安琪。另外，还有让日军闻风丧胆、一身正气的戴安澜将军，时任第二绥靖区司令官的中将王耀武。在共产党方面，解放军中将常乾坤，原红4军12师政委姜镜堂，红1军政治部主任熊受暄，红1军军长吴光浩，红1方面军参谋长朱云卿，红11军军长吴光浩等等。

黄埔训练科目

黄埔四期生中，在国民党方面有 5 名上将：刘玉章、罗列、胡琏、高魁元、胡长青（追赠上将）。中将 20 余人。共产党方面有元帅 1 名，中将 3 名，少将 3 名，另外还有刘志丹、李天柱、李鸣呵、肖方等等，这些都是人们耳熟能详的名字。

黄埔五期生中，国民党人有邱行湘、郑庭笈等人，彭孟辑、唐守志等到台湾地区后发展很快。共产党有许光达大将、杨至成上将、宋时轮上将、张宗逊上将、谭希林中将，杰出的共产党人如赵尚志、潘忠汝、陶铸等。

黄埔六期生中，国民党方面名声比较大的是戴笠，号称“民国特工王”。共产党方面有郭天明上将、王铮中将等人。

这一连串后来听起来如雷贯耳的名字，他们当时在黄埔军校可是每天都要进行队列、体能、战术、筑城、兵器、地形、交通等内容的学习，内容广泛，不一而足，为黄埔生拥有广泛的知识打下了良好的基础。陈明仁在学校里广结人缘，为后来的人生道路留下了很多的伏笔。但是陈明仁青年得志，多少有些少年的傲气，个别人已经对他有了看法。

第四节　二次北伐官升三级

此时黄埔军校的校园风平浪静，神州大地的革命运动却正如火如荼，革命的胜利势如破竹，所向披靡。长沙之战告捷，武昌大胜，进军上海……吴佩孚兵败，孙传芳弃城而逃，北伐战争取得一个又一个的胜利。国民革命军队伍在不断地扩大，国民党的力量日益变得强大。

1927年1月，以国民党左派人士为中心的国民政府由广州迁往武汉，武汉方面的国民党人士主张容共并拥戴汪精卫。3月10日，武汉政府通过《统一党的领导机关决议案》，突然免除蒋介石的职务。蒋介石在南昌立马反击，发表了《告黄埔同学书》，表明不接受这一决议，遂率领一批国民党人于南京另组政府，蒋汪分裂，历史上被称为“宁汉分裂”。也正是在这样的时候，蒋介石发动了耸人听闻的“四·一二”反革命政变，国共两党第一次公开决裂。很多优秀的共产党员被杀害或者驱逐，共产党员不得不选择逃亡。中国共产党生存状态岌岌可危，中共中央号召党员准备发动武装起义。

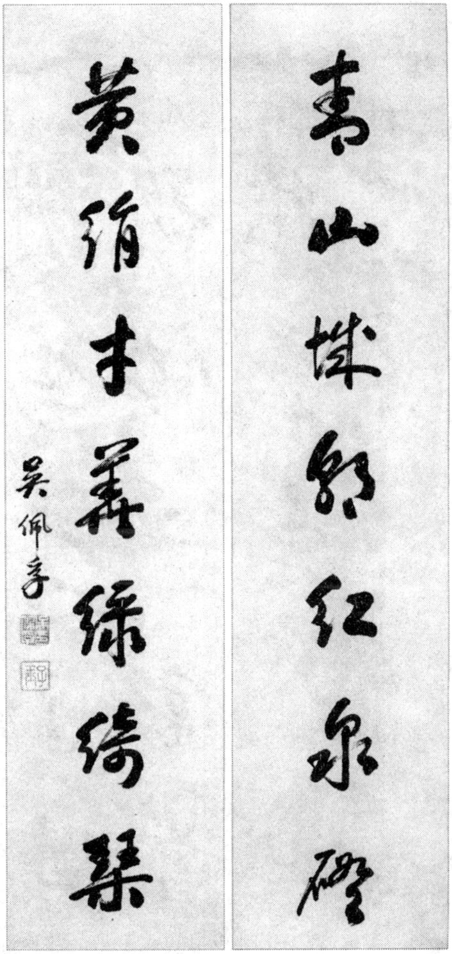

吴佩孚书法作品

1927年7月，中共中央指定周恩来、李立三、恽代英、彭湃等组成中共中央前敌委员会，以周恩来为书记，前往南昌领导起义。参加起义的部队有：原国民革命军第2方面军第11军第24师、第10师，第20军，第4军第25师第73、第75团，第5方面军第3军军官教育团一部和南昌市公安局保安队一部，共2万余人。从7月25日起，第11军、第20军分别在叶挺、贺龙指挥下，陆续由九江、涂家埠等地向南昌集中，与第9军副军长、南昌市公安局长朱德会合，准备起义。

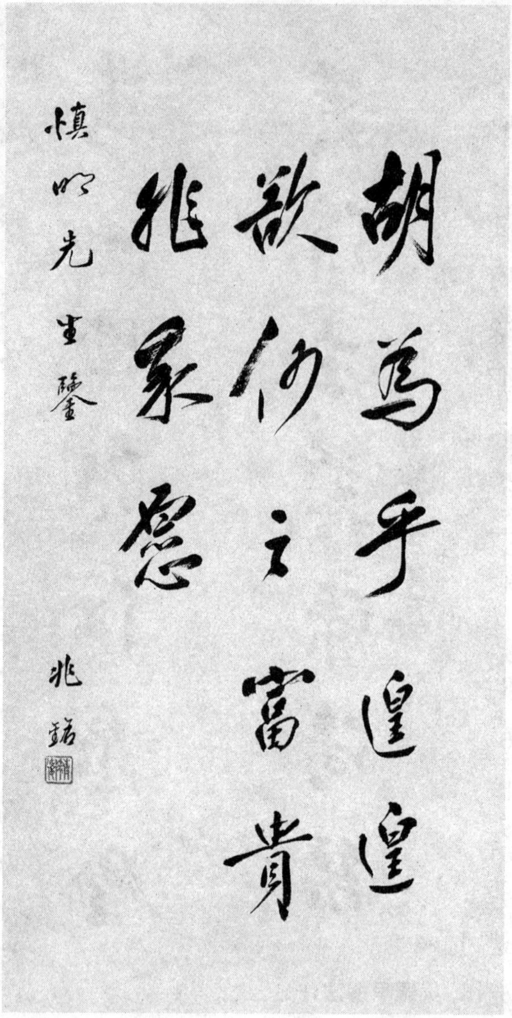

汪精卫书法作品

在国民党方面，只有武汉政府的第 5 方面军第 3 军，主力位于樟树、吉安、万安地区，第 9 军主力位于进贤、临川地区，第 6 军主力正经萍乡向南昌开进；第 2 方面军的其余部队位于九江地区；南昌市及近郊只有第 5 方面军警备团和第 3、第 6、第 9 军各一部共 3 千余人驻守。

1927 年 8 月 1 日凌晨，一声清脆的枪声划破了南昌城沉寂的夜空。以共产党为领导力量的 2 万多人在南昌举行起义。这支队伍经过数小时激战，全歼守敌，占领了南昌城，名留史册。这是一场具有时代意义的战争，但是这又是一场催人泪下的战争。因为交战双方大部分都是黄埔军校的同窗，昔日是同吃一锅饭，同举一杆旗的战友。

像共产党领导人周恩来、林彪、周士第、陈赓，国民党钱伯钧、顾祝同，不是黄埔师生，就是昔日同窗。他们甚至在战场上都能够分辨清楚彼此熟悉的身影，个人情感历历在目，理想信仰却各自不同，只得含泪举枪，心中已是悲痛欲绝。从此共产党和国民党泾渭分明，中国共产党让中国的革命迈向了新的道路。

1928 年 1 月，国民党局势发生了变化。蒋介石重新担任国民

南昌起义（油画）

党革命军总司令，同年 2 月，当选为国民党军事委员会主席。旧军阀暂时妥协，但是时间不长，孙传芳、张宗昌卷土重来。

张宗昌

第二次北伐开始，主要讨伐以张作霖为首的奉系军阀。北洋政府控制在以张作霖为首的奉系军阀手中，直系军阀吴佩孚沦为附庸，占据两湖、河南三省和河北、陕西，控制京汉铁路，直系军阀后起之秀孙传芳占据长江中下游。战争以北伐军队的胜利而告终，但是日子远没有平静，1929 年 3 月，蒋桂战争爆发。同年 10 月，蒋冯战争爆发。

反蒋斗争

1930年4月，中原战争爆发。

这真是个战乱的年代，人民生活困苦，疲于应战。而此时此刻的陈明仁却得到了一次又一次的提升。1927年，蒋介石发动“四·一二”反革命政变的时候，他在黄埔军校被提升为上校队长。而到了1928年，他就荣升为第10师28旅56团上校团长，短短一年的时间从一个学校学生官转变成手握重兵的团长。

得到蒋介石的信任和支持，陈明仁感到欣慰和自豪，从第一次东征结束他被荣升为4团3营中校营长，到上校队长，再到上校团长，分别是23岁、25岁、26岁这样在别人而言尚显稚嫩的年龄。这些令人羡慕的职务和年纪，多少助长了陈明仁的傲气，他抱定决心始终跟随蒋介石走，实现三民主义，鞠躬尽瘁，死而后已。

第五节 巨鹿之战将才凸显

正当陈明仁踌躇满志之时，终于迎来了一个机会。

这里要提到石友三这个人。石友三，字汉章，吉林长春农安人，早年家境贫困，后入伍参军，在冯玉祥部下任马夫，后因作战勇敢逐渐升迁，但是因为少年的贫困造就了他唯利是图的性格，所以他多次叛变，反复无常，下场悲惨。

1930年，冯玉祥和阎锡山联合反蒋，石友三见状立即响应冯玉祥，参加中原大战，率10万大军进攻陇海线。9月18日，张

中原大战前，蒋介石（中）与冯玉祥（左）、阎锡山合影

学良通电拥蒋，入关参战，战争形势发生变化，冯、阎势力大减，石友三见状又通电表示拥护张学良，率部割据河南北部和河北南部地区，加入到反冯、阎的战斗队伍之中。1931 年，张学良将石友三部编为国民革命军十三路军，石友三任总指挥，全军人数竟达 6.4 万人。但是石友三却打起了自己的小九九，自我感觉实力大增竟然想做“华北王”。

1931 年 7 月 18 日，石友三密谋扳倒张学良，联系汪精卫广州国民政府，发兵反对少帅张学良。可是他没想到一出兵竟然遭受蒋介石军队的攻击，原以为他进攻张学良，蒋介石也无非是坐山观虎斗，可没想到竟然是南北夹击。此时最关键的战场就是河北巨鹿。

蒋介石组织“讨赤南路集团军”，由刘峙任总司令，主要迎击石友三主力。张学良部东北第 1 集团军司令于学忠，令白凤翔为诱饵，将石友三吸引到石家庄，一场强兵之战在此拉开序幕。

陈明仁此时担任第 3 师独立旅旅长职务，师长陈继承，江苏

陈继承

靖江人。曾任黄埔战术教官，参加过两次东征，东征后调任黄埔军校教导团第4团团长。北伐战争因汀泗桥一战升任国民革命军第22师师长。1924年被聘为黄埔中校教官。1925年的时候陈明仁也是中校教官了，当时在黄埔军校二人旗鼓相当。这次参加大战陈继承担任师长一职，陈明仁并没有太过于重视他这个师长，以至于在讨论战法的时候产生了严重的分歧。

陈继承主张正三角形阵摧毁驻守在巨鹿的石友三部的孙光前、程西贤部队，在南线重创敌军，陈明仁旅担任先头作战部队。陈明仁对陈继承的战法不屑一顾，当场就否决：正三角形战法不符合实际操作，应用前梯次雁行队。可以侧翼形成交叉火力，同时，也能够快速包抄分割敌军，迅速形成战果。

此言一出，陈继承大不高兴，他虽然对陈明仁知根知底，但是在全师各个指挥军官面前被他当场否定，一时间特别尴尬。只得板起脸说："水无定型，兵无常势，战斗都没打响，你陈明仁凭什么说这战法不行？"

陈明仁当仁不让："错误的战法用不着拿兄弟们的命去试验，我的可是真金不怕火炼，第一次东征的时候已经演练过，取得了非常好的效果，师座您还有什么可说的呢？"

陈继承无言可对，恼羞成怒："你这是目无尊长，顶撞上级，不能以身作则还当什么旅长！"

"我的旅长是蒋校长任命的，你无权剥夺。"陈明仁见状更加不相让。

底下参谋长慌忙劝阻，私下对师长说："师长息怒，大战在前

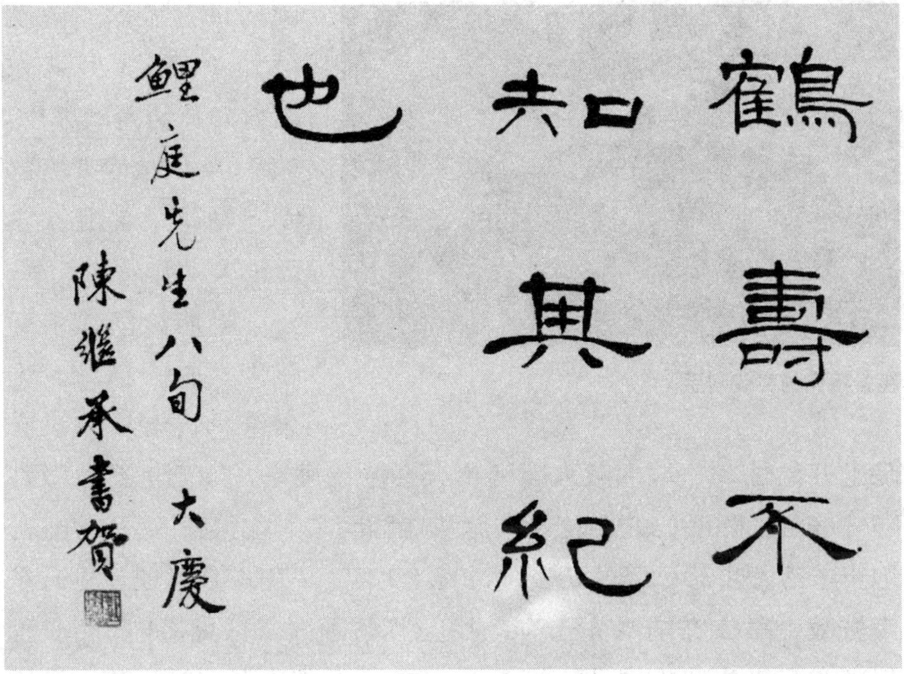

陈继承书法贺词

先不要和陈明仁计较，等大战结束后再作追究。刚才我研究了他的战法，我觉得值得师长考虑，再说，陈明仁请战决心如此之高，还不如一箭双雕。”

陈继承问：“怎么一箭双雕？”

参谋长回答：“要他立下军令状，胜利了，那是师长教导有方，败了，当然要治他的罪。”师长笑而应允。

陈明仁知晓后，先是一笑，而后吩咐左右拿笔墨，只见他大笔一挥留下这几个字：“城破子良在，誓拿巨鹿城，不成功便成仁。”写完丢下笔，大步回到旅中向全体官兵动员：“古有项羽破秦就在此地，以六万兵力胜敌二十万，巨鹿之战名留青史。今天我们重聚在此，重演项羽英雄历史，我们要打败石友三，活捉孙光前。兄弟们有没有信心？”

底下爆喝：“有！”“打败石友三，活捉孙光前”的口号此起彼伏。

6 月 29 日，战争打响。震耳的山炮开始怒吼，炮弹如骤雨般

装备精良的突袭射手

倾泻进巨鹿城。陈明仁旅1团、2团从东南方向开始发动进攻，3团、4团从西北方向发动进攻，5团从正面进攻。

硝烟滚滚，杀声震天，血肉横飞。炮火停后，士兵并没有马上开始进攻，城内敌人以为步兵会冲锋进来，刚刚一露头做好防守准备，陈明仁的二轮炮火劈头盖脑而来，炸得敌人哭爹叫娘。炮声未落，步兵已经开始发动冲锋。1团、2团进兵迅速，先破东南守敌，军官在前身先士卒，战士英勇顽强。只见，1团团长程伟光一马当先爬上城头，端上一支机关枪向敌人扫射，敌人纷纷倒下。这时候只见城内冲出一支骑兵，人数众多，和正在进攻的5团扭成了一团。这可是一招奇袭，孙光前也不是省油的灯，眼看两翼被动，他竟然反被动为主动，主动出城迎敌。

这招奇袭对5团显然有些突然，不少战士倒在了血泊之中，部队进攻的势头显然慢了下来，伤亡非常大。第5团告急。

这些都被陈明仁看在眼里，他面不改色，说："命令5团改向偏东南进攻，1团在东南接应。"敌人已经将第5团的队伍冲得七零八落，但是第5团平时训练有素，接到命令后迅速调整部署，准备向东南侧翼和第1团合围。

孙光前正沉醉在自己骑兵的奇袭胜利中，看着国民革命军的后退，更加兴奋异常，疯狂地叫嚣着："杀，给我杀——"

第5团防守范围逐渐缩小，再缩小——敌人疯狂，更疯狂——这时候第5团和第1、第2团正形成高低合围之势，已在城头做好准备的第1团团长一声令下："射击！"炮火齐鸣，人仰马翻。

孙光前的脸，笑容逐渐在凝固；陈明仁喜笑颜开。

孙光前的步兵已经被陈明仁的第3团、第4团紧紧掐住，无法救援。只能眼看着骑兵旅全军覆没，死伤无数，溃逃投降，不一而足。败仗是会传染的，孙光前两个步兵师投降，巨鹿城守军投降，巨鹿之战告捷。整个战场情况都很乐观：东北第1集团军司令于学忠部已将石友三部3万人堵截在大冉一带，刘峙部大败顺德留守石友三部。一切现有形势利于革命军，总攻的时机到了。

刘峙

6月31日，革命军分南北两路乘胜追击，刘峙部和第2集团军负责截击向山东方向的逃敌。兵败如山倒，此时石友三部已经不堪一击，和革命军一交火，慌忙逃窜。逃至河北滹沱河时，正赶上刘峙部的拦截部队。富有戏剧性的是，石友三部准备渡河逃窜之时，天开始下起大雨，部队行进困难，只得束手就擒。

石友三最后只得带3千人逃走，归于山东韩复榘部下。从6万人到只剩下3千人，石友三部队从此一蹶不振，讨伐石友三之战取得全面的胜利，陈明仁果敢坚毅的请命作战在这场战役中起到了十分关键的作用，他的将才正在熠熠生辉。

第五章
起起伏伏仕途运

第一节 暗算暗战皆难防

讨伐石友三之战的胜利让蒋介石非常高兴，得知又是陈明仁的先头部队立了头功，他对左右说："当年惠州一战陈明仁一支独秀，为黄埔军队立下榜样。这次巨鹿之战，应该是为革命军做出了表率，理应嘉奖。"

话还没有落音，陈继承就打来电话。在电话里添油加醋地汇报了此次作战的情况，末了，不经意地说了这么几句："陈明仁虽然在这次战争中取得了一些胜利，但是他居功自傲，目无尊长，独断专行，部队反映恶劣。"

蒋介石怎能容忍部队长幼不尊，在黄埔军校的时候他一再强调纲常军纪，陈继承这句话刚好打在蒋介石的死穴上。所以，本来的嘉奖换成了陈明仁为80师副师长兼第238旅旅长，明升暗降。陈明仁不明就里，但因为是校长的决定他只能无奈接受，不过在性格上他仍然我行我素，无丝毫改变。

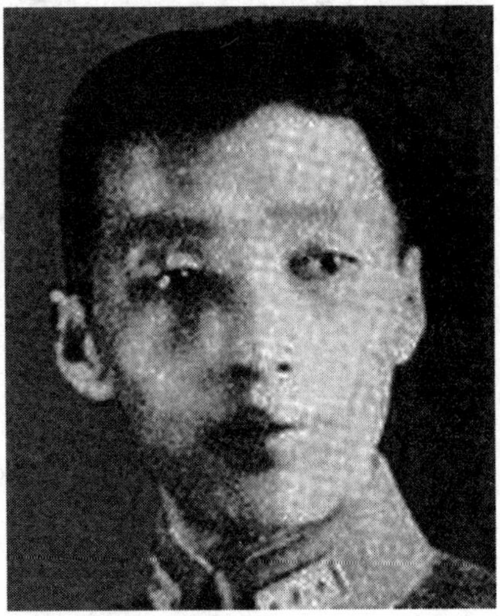
石友三

时间很快到了1933年，陈

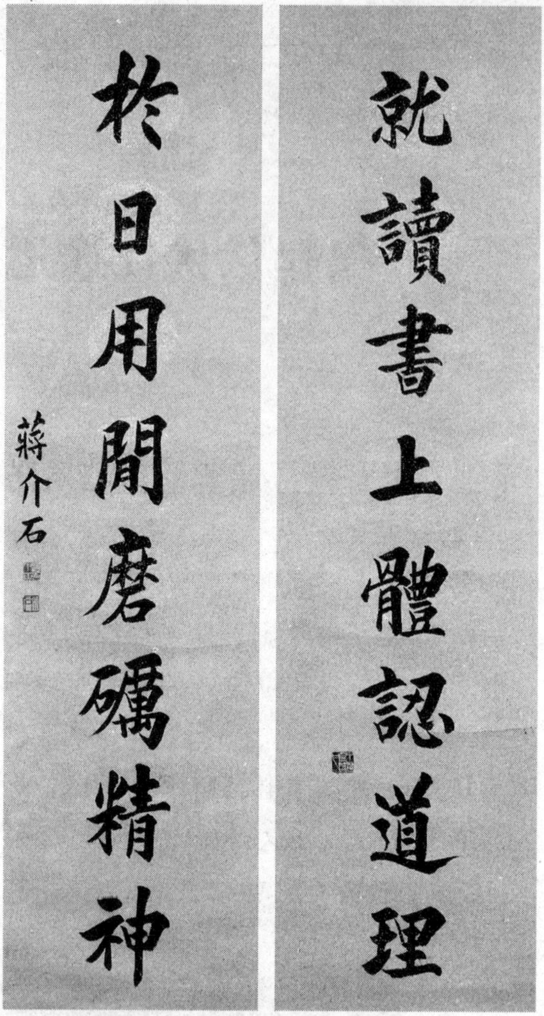

蒋介石书法立轴

明仁终于当上了第80师的师长，那年他刚刚31岁。有话说男人三十而立，但是这对于陈明仁来说，并不是一个分水岭。毕竟少年得志，官运亨通，立与不立，意义不大。因为有这样的心态，在错综复杂的官场里总会碰钉子，只是这一切来得太快了。

蒋介石第四次“围剿”开始，陈明仁受东路“剿匪”总司令蒋鼎文领导，主要进攻闽赣苏区。中共的作战方针是将红军分为两个部分，一部分在抚河、赣江之间作战，另一部分入闽作战，相时并进，准备夺取抚州、南昌等城市。

当时蒋鼎文的作战方针是分进合击，步步为营，向闽靠拢。陈明仁师兵分三路，在战法上独立，在战略上联合。

中共方面东方面军由彭德怀兼司令员，滕代远兼政委。主要指挥闽赣军区和福建军区的宁（化）清（流）归（化）军分区所守部队。蒋鼎文曾任黄埔军校第一期第2学生队区队长，上尉军事教官，号称蒋介石的“五虎上将”之一。

从指挥力量来说，棋逢对手，将遇良才，各有所长。

陈明仁非常重视这场交锋，发现其中作战战法上的问题，连夜呈报给蒋鼎文。哪知道蒋鼎文大手一挥，说：“你这些考虑早在我的预想之中，你说的问题不足为怪，回去后好好动员官兵极力作战，乘胜追击。”陈明仁愕然，心中虽有不满，但碍于情面一时不好发作，毕竟战争结果不明，还可以拭目以待。

蒋鼎文

战斗开始，彭德怀率领红军一鼓作气就拿下归北、清流、泉上、朋口，收复了连城、新泉、白沙等地。陈明仁部首遭重创，其中238旅几乎全军覆没。此次一战，东路“剿匪”军共损失3个多师，一时间军心大乱。

在军事检讨会上真是乱作一团，蒋鼎文说：“各位，此次会议

八路军总指挥朱德（右）和副总指挥彭德怀合影

蒋鼎文诗词石刻

是对前段战斗的总结和检讨，是为了在下次战斗中吸取教训，反败为胜。”

话音刚落，就有人发话了，声音很大，一看原来是陈明仁。“战前不听人言，战后还有什么用。军座，在战前我再三进言不可分兵突进，您偏不听，此次失败责任应该在于总指挥。”蒋鼎文一下拉下脸来，说：“指挥政策无错，主要是你先头部队作战不利。”陈明仁一拍桌子，说：“你放屁！”底下一群人鸦雀无声，面面相觑。“陈明仁你真是大胆轻狂，闭上你的鸟嘴。”蒋鼎文说完摔门而去，会议不欢而散。

东路“剿匪”军进攻福建失败后，只得返回江西。红军东方面军乘胜北上，进攻顺昌、将乐、延平。陈明仁部在此休整，正在招兵买马，准备后挡红军。一日蒋鼎文路过此地，挨个视察部队。陈明仁得知蒋鼎文要来部队之后竟然不加理睬，径自看望伤病员去了。蒋鼎文对此非常生气，在给蒋介石的军情汇报上加了这么几句话：“陈明仁作战有法，但是狂妄自大，难以驾驭。”

蒋介石一看又是一封关于陈明仁的告状电报，气不打一处来，在回报上说：“八十师师长以副师长调升。陈明仁来见。”陈明仁接到电报后一声长叹：“小人当道，国事艰难，丈夫将死，也要报国明志。”说完此言以后，收拾交接完毕，只身前往庐山见蒋介石。

大凡被蒋介石接见的情况有几种：一、嘉奖提升，面授机宜；二、问责惩罚，当场处理；三、考察训示，换作他用。这陈明仁刚好是第三种。可先前陈明仁并不知道，表面上不动声色但是内心是打鼓的。一来蒋介石本是校长，对陈明仁欣赏有加；二来陈明仁连续和两任长官闹得不愉快，他心里知晓自己有时候可能有些过分。

走进蒋介石官邸的时候陈明仁心里有些激动，时间如流水，已经有好几年没见校长了。在黄埔军校的时候，校长积极工作，励精图治，每天天不亮，他就到军校大操场巡视，每天都和所有的学员同时进餐，毫无特殊。往事历历在目，陈明仁生出一些感慨。见到蒋介石的时候，他仍然一身戎装，干净利落，举手投足，挺胸抬头，颇具军人风采，他仍然不抽烟，不喝茶，只喝白开水。

蒋介石没有像传闻中的那样对他大声斥责，而完全是一种师生叙旧，情意绵绵。蒋介石说："近来看你连续作战成绩不错。"对陈明仁反抗上级之事只字不提。

"弟子不才，所的成绩全是校长教导有方。"陈明仁也只能顺水推舟。

"这些天来你读了些什么书？"蒋介石又问。

会上讲话的蒋介石

蔡锷

“熟读《剿匪手本》和《曾胡治兵语录》。”陈明仁干脆地回答。

“那你将一些心得体会说出来听听。”蒋介石很感兴趣。陈明仁清了清嗓子，如数家珍将两本书的内容阐述出来，蒋介石面带微笑，满意地点了点头。手本乃是蒋介石 1933 年所编，内容广泛，涉及军事技术，政治宣传。《曾胡治兵语录》是蔡锷所编，这是蔡锷将军对曾国藩和胡林翼带兵打仗的一些心得体会，非常有实战意义。蒋介石将这两本书奉为“剿匪”经典。

陈明仁说完，蒋介石起身拍了拍陈明仁的肩膀:“子良，这两本书你虽然熟稔如心，但是远远不够，作为一个军官要将理论和实战相结合。这里有这么一个机会，我看非常适合你，去庐山军官训练团学习，同时你任大队队副兼中队长。”

陈明仁一点也没有想到，就这样留在了庐山，开始了他第二次军校的生活。

第二节　庐山短训转二师

庐山军官训练团由蒋介石精心创造和组织，主要对象是黄埔生，当然也不是所有的黄埔生都有这样的机会。能进入庐山训练团军衔至少是上校，必须有战功。蒋介石借此也是为了进一步掌握黄埔生集团，奠定自己的政治基础。

庐山军官训练团由陈诚担任教育长兼副团长，蒋介石任团长。所有入团军官军衔自降一级，原上将级的将领均为团副，中将级的均为营副。全团上下只有蒋介石的军衔最高，为上将团长。

蒋介石亲自制定了训练团团规：一、信仰三民主义，服从革命领袖，在统一意志下努力；二、磨砺身心，精研学术，在充实本身力量上努力；三、思周虑密，言信行果，在“谋定后动”的古训下努力；四、克服天然，自强不息，在“人定胜天”的信念下努力；五、冒险犯难，艰苦卓越，在“不成功便成仁”的训示下努力；六、敬上和下，克己勉人，在“知礼义明廉耻”上努力；七、精诚团结，牺牲自我，在负责任、守纪律上努力；八、爱护人民，表率部署，在良兵良民的目的下努力；九、胜不居功，败不馁志，在公而忘私、国而忘家上努力；十、忍辱负重，继往开来，在复兴中华民族、完成国家革命的决心下努力。

蒋介石视察庐山军官训练团

在军事训练上效法原黄埔军校的训练模式，无论职务高低一律出操上课，违者重罚。当然因为是短训，所以军事训练为辅，政治教育为主。大力鼓吹国民党和共产党势不两立，要坚决彻底“剿匪”。

通过这次短训，蒋介石加强了对黄埔生集团的领导，奠定了其政治地位。当然，不是所有的黄埔生都对此报以乐观的态度，附和蒋介石的这一做法。陈明仁在此期间除了进一步修炼、巩固

“九·一八”事变后成立的伪满洲国

军事训练以外，广交朋友，对政治的兴趣并不大。

1934 年，蒋介石操纵国民党中政会，以庐山军训团成员为基础，颁布了新任职务命令。将上将军官分为三个等级：特级、一级、二级。陈明仁归于中将之列，那年他刚刚 32 岁。

陈明仁很快将从庐山军训团毕业，关于去向问题他忧心忡忡。东北沈阳柳条沟“九·一八”事变爆发后，日本长驱直入我东北驻地，3 千万东北乡亲生活在日本的铁蹄之下，生不如死。陈明仁一腔热血，渴望带兵打仗一雪国耻。所以他一心想回到 80 师重握兵权。但是，现实又和他开了一个玩笑。等到第三期学员毕业他仍然没有接到回 80 师的命令，每天百无聊赖。一天他正在军团授课，老乡黄杰前来拜访。

黄杰，字达云，湖南长沙人。黄埔一期生，1925 年 2 月和 10 月，参加第一、第二次东征。1926 年，任教导第 1 团第 3 营少校营长，后随何应钦的东路军参加北伐。1927 年，任第 14 师 40 团上校团长。1928 年 4 月，参加蒋介石举行的第二期北伐，任第 2 师第 7 团团长。1929 年，升任第 2 师第 5 旅少将旅长。1930 年 7 月，参加蒋冯阎中原大战，任第 2 师第 2 旅旅长。1932 年，接替战败的汤恩伯出任陆军第 2 师中将师长。黄杰开门见山，说：“子良老弟，我们 2 师欢迎你。”

黄杰

陈明仁丈二和尚摸不着头脑，回到说：“你这话从何说起？”

黄杰回答：“你已经回不了 80 师了，蒋鼎文已经推荐你到我们 2 师担任参谋长职务。”一提到蒋鼎文，陈明仁才恍然大悟。他与蒋鼎文之间关系微妙，蒋鼎文这时候推荐他去 2 师定会有原因。

说到这里要提到另外一个人，名叫温汰沫，此人曾在陈明仁部下先后任中尉书记、上尉营指导员、科员、军需和少校、中校、上校军需主任，是陈明仁的得力亲信。1932 年，温汰沫借陈明仁之手救出 280 多名共产党人。蒋鼎文令陈明仁严加查办“纵叛潜逃”的温汰沫，陈明仁对蒋鼎文的命令不屑一顾，我行我素。当蒋鼎文再次催要温汰沫的时候，陈明仁回应：温汰沫正在接受党务处分。直到蒋鼎文派人捉拿温汰沫，陈明仁一不做二不休，竟然给了温汰沫路费，悄悄将他放走，蒋鼎文对此好不生气。

还有一次接到蒋鼎文的命令，说一部分被红军俘虏的官兵投降后回到部队，希望陈明仁断然处置。不言而喻，断然处置的意思就是将所有人员杀掉。但是陈明仁没有执行蒋鼎文的命令，而是采取了一个折中的办法，精心挑选了一个排的人员混杂其中悄悄调查，最后查获的被“赤化”分子只有数十人，才秘密枪毙。对这件事蒋鼎文非常不满意。再加上陈明仁公开和他论战，蒋鼎文已经怀恨在心。

所以，对于突来的消息陈明仁知晓虽是意料之外，也在情理之中，只是他觉得非常沮丧，作为一个单纯的军事军官，他不喜欢涉及太多的政治和错综复杂的人际关系。

听到黄杰这么一说，陈明仁非常生气，在 2 师当参谋长明摆的是降职使用。湖南人霸蛮的脾气一下就上来了，他要和校长论论理，本就是一师之长怎么能甘于给别人做嫁衣裳。到了庐山训练团团长办公室竟然没有看见蒋介石，而是遇到了蒋介石的夫人宋美龄。他一气之下将自己的不满和怨气和盘托出。宋美龄一

宋美龄在重庆妇女集会上

听，笑道："子良，你的心情我能理解，但是你作为国军的榜样应该能上能下。"

"能上能下也不能去当参谋长，难道我不配当一个师长吗？"

"校长要你去当参谋长肯定有他的想法和原因，希望你在新的岗位上干出成绩。"宋美龄回答。

陈明仁无言以对，没过几天，他就到2师走马上任当了参谋长。

第三节 再次遇挫兵权遭解

1934年11月，陈明仁任参谋长不久，部队开进了鄂豫皖苏区开始了所谓的"围剿"。11月的天气已经有些寒冷，有风吹来

红1方面军部分干部合影

1933年2月至3月，红1方面军在周恩来、朱德指挥下，采取大兵团伏击的战法，粉碎了国民党军第四次"围剿"。图为战争胜利后红1方面军部分干部于福建建宁合影，左起：叶剑英、杨尚昆、彭德怀、刘伯坚、张纯清、李克农、周恩来、滕代远、袁国平。

打在他的脸上有些生疼。他的心情落寞而低沉，他对这次“围剿”产生了一些怀疑，到底这是一场什么样的战斗？同是中国人非得打得不可开交？东北危在旦夕，一个合格的指挥官、一个优秀的黄埔将领应该将热血洒在抗日战场才对，将倭寇驱逐出国门，那才是每一个有血性的中国人的责任和义务。

此次“围剿”蒋介石动用了大约90万军队，其中大概40万军队，360个团——主要进攻赣闽苏区和鄂豫皖苏区的红军。而红军真正能够参战的共有18万人，如果包括所有后备师、游击队和赤卫队，大概还有20万人。在武器方面只有不到10万支步枪，大部分人还是大刀长矛，没有大炮，手榴弹、炮弹和弹药来源有限，补充困难。

蒋介石采取的战略是充分利用经济优势，优势资源、现代的技术装备、外部机械化战术的支持，甚至有现代化空军作支援，作战飞机近400架。军队步步为营，逐步包围红军，实行严密的经济封锁，人员隔离。因此，这是一场旷日持久的消耗战。

中共临时中央领导人博古对这场战争进行了错误的判断，把

周恩来与叶剑英（中）、博古（右）合影

这次反“围剿”定位于中国革命完全胜利的阶级决战。在军事战略上走了错误的路$，拒绝和排斥了红军历次反“围剿”的正确战略方针和作战原则，推行“左”倾冒险主义的战略指导，提出“御敌于国门之外”的口号，企图以阵地战、正规战全面抗敌，御敌于苏区之外，保守苏区每一寸土地。同时，共产国际的军事顾问李德从上海到达中央苏区进入领导层，直接掌握第五次反“围剿”的军事指挥权，在国民党军“围剿”之前，未及时有效地号召组织苏区军民，反“围剿”准备不够充分，导致了红军被迫长征。

从战争结果的角度上来说，国民党军取得了胜利。但是，陈明仁在其中的一场战斗中却尝到了失败的滋味。在鄂豫皖战场上，黄杰推崇保守战法，部队进展缓慢。

11 月 13 日，中共红 25 军撤销军一级组织，军直辖三个步兵团，一个手枪团，由程子华任军长，吴焕先任政委。16 日，展开突围战，正面相接的正是黄杰的第 2 师。

突围的时间选择在晚饭时间，此时黄杰第 2 师正在生火做饭。饭刚放进笼屉，菜还在锅里翻炒。突然枪声骤起，官兵一时慌乱。陈明仁毕竟是职业军人出身，马上有效地组织起反攻，国民党军的枪声也打响了。一个有经验的指挥员能够从枪声中判断兵力和火力状况，陈明仁感觉对方武器装备不弱，且人数众多。马上上

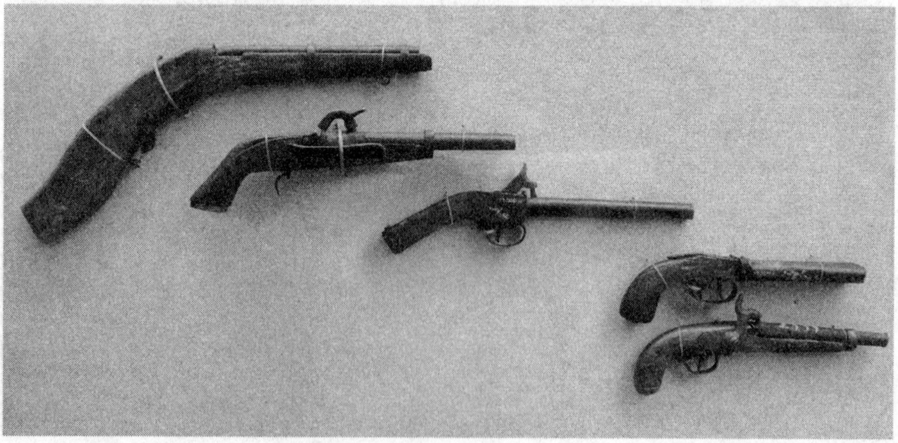

鄂豫皖根据地红军使用的部分武器

报师长黄杰，红军来人众多，需要采取阻击。

黄杰一接到消息，停顿了一会，说："火速告诉参谋长，部队迅速撤退。"

陈明仁接到线报，心中一愣，自言自语："这一退可远了。"

旁边勤务员听见这句话插了一句，"退了对部队有好处。"

陈明仁训斥了一句："你懂什么！"

果然，这一退可是差之毫厘，谬以千里，正好给突围的红军撕开了一个口子，通过这个口子，这部分红军顺利杀出鄂豫皖包围圈，为红军保存了实力。

这个消息传到蒋介石的耳朵里，蒋介石大发雷霆，要拿黄杰法办。也正是这时候蒋鼎文进言：参谋长主抓作战，陈明仁一到2师，2师就吃了败仗，首应陈明仁受罚。蒋介石一气之下下命令，撤销陈明仁参谋长职务，数日后到陆军大学报到，参加学校学习。陈明仁再一次被解除了军权。

第四节 我的陆大生活

从蒋介石开办黄埔军校开始，到创办庐山军训团，到陆军大学，蒋介石采取开办学校、培训的方式，网络人才，培植个人力量，牢牢地掌握了一些人。特别是从黄埔军校部分学员，他是一步一步掌握，并且将黄埔生后续的组织继续完善。

蒋介石以"国民革命军总司令"名义兼任陆大校长，参谋总长李济深兼任副校长。陆大成立之时正值蒋介石多事之秋，所以他没有在陆大实际任职过。由黄慕松代校长负实际责任，周斌教育长协助校务。但是对进校人员蒋介石是严格把关的，非国民党中高级军官，否则是没有入学机会的。像丰玉玺、冯治安、何基沣、卫立煌、涂思宗、詹忠言等人都参加过陆大学习。

这些高级军官虽作战经验丰富，但没有受过高等的军事理论教育，陆军大学主要就是针对军事理论。其实，蒋介石还有另外

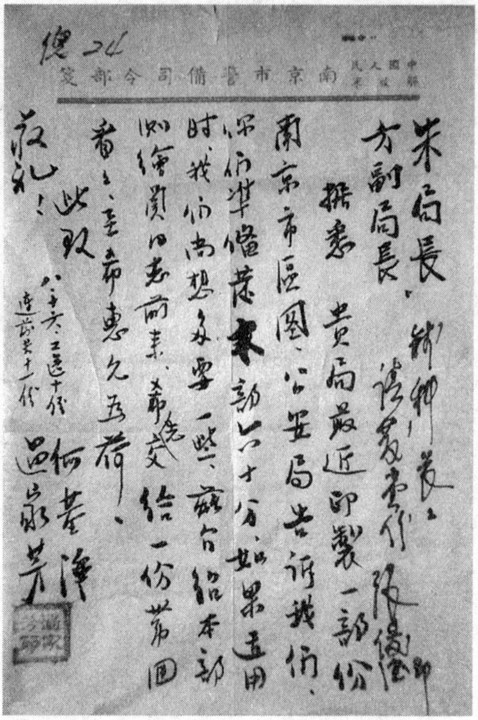
南京市警備司令部箋

何基沣信札手迹

一层用意，对非亲信的高级军官，以储才备用的幌子，安排到陆大学习，实则剥夺其兵权。但对有些非嫡系值得拉拢的军官进陆大后，蒋介石对外称师生，可拉近关系。陈明仁却是前者，被剥夺了兵权。

陈明仁到了陆大以后有些心灰意冷，校外的战场枪炮齐飞，如火如荼，可是他却宁可安享学校的这份安逸。虽然坐在教室里，但是他倒如闲云野鹤置身事外、心不在焉。三年的学习时间就像流水一样，看起来是缓缓流淌，却仍然是逝者如斯夫。对待这三年的生活，陈明仁曾经这么总结过：其一，三年时间我一直在等待。其二，三年时间是给了我一个反思的机会。其三，三年时间让我接触了德国的军事理论。从陈明仁的这番话中我们能够窥见他这三年的时间里虽然谈不上大有作为，却在自己的思想世界里另有精进。但不管怎么样，无论自愿与否，毕业了就重新回到权力场上的角逐中了，他会有什么样的机会呢？

机会又一次垂青了他。说起这个机会还有个故事。国民党军预备 2 师是个刚刚组建的部队，当时的师长是

陈明仁

蒋介石书法作品

冯剑飞。部队刚刚组建，才刚刚配备全武器，很多新兵都还不太会操作。本来需要一段时间磨合，但是蒋介石着急将这支新组建的部队投入战斗，遇到冯剑飞的时候蒋介石问他是否能够作战。冯剑飞直来直去，回答:“部队尚没准备好，需要一段时间训练。”蒋介石一气之下将他撤了职。此时毕业后的陈明仁正在军政部当参谋、部附，负责战事。专业对口，另外，他还当过一段时间的训练处处长，工作敬业，也很安分。因为这些因素，蒋介石一纸任命书将他扶上了预备2师师长之位。

1938年6月，陈明仁再次收拾行囊，从校园回到战场走马上任，第二次当上了他军旅道路上的师长。此时

日军占领南京后在司令部合影

日本军国主义侵略的铁蹄正在神州肆虐，战火越烧越旺。对于内战，陈明仁是打不起精神的，敷衍塞责以求了事，但是对于抵抗外侮、抗击日寇，陈明仁向来认为是每一个中国人义不容辞的匹夫之责。“每个官兵都要在战斗中杀敌立功，日寇不除，何以家还?!”铿锵有力的誓言掷地有声，传达着一代黄埔名将陈明仁杀敌报国的决心。他是这样说的，也是这样做的。到任以后，陈明仁便加紧操练部队，带领着这支仓促之间建成的部队，这支被认为是残兵败将、破铜烂铁而没人要的部队，投入将倭寇斗争到底的大军中去!

第六章
碧血千秋抗日魂

第一节　御敌九江

九江，素有江西北门之称。北临长江，东有鄱阳湖，南有修河、潦河等水系，西对武汉。掌握了九江，等于日军就掌握从水路进军中国腹地的命脉。日军准备在九江设立一个基地，建立日军物资和给养的临时仓库。一旦九江得手，日军运输的物资即使直接从日本本土出发，仅仅 7 天就可以到达九江发挥作用。所以日军大军压阵，志在必得。

担任主攻的是日军的第 11 集团军。第 11 集团军下设第 6、第 9、第 27、第 101、第 106 这 5 个师团，还有 1 个波田支队，另外，还配置有航空兵团、海军一部协同作战。第 6 师团部署在江北，从安徽的望江，湖北黄梅、广济自东向西攻击，畅顺北线，确保长江水运的安全；5 个师团与波田支队及海、空力量主攻九江战场。

九江公路大桥

国民政府也非常重视九江的战略布防。将

国民党部分高级将领合影

1945年8月，芷江洽降结束后，中国部分高级将领与中国战区美军作战司令部参谋长柏德纳一起交谈。左起分别是：王耀武、卢汉、张发奎、何应钦、汤恩伯、杜聿明、萧肃毅、柏德纳。

第9战区2个兵团全部投入九江战场。第2兵团总司令张发奎，其部队沿长江南岸东西布防，在彭泽、湖口、九江、瑞昌构筑江岸阵地；另外，第1兵团总司令薛岳，其部队沿南（南昌）浔（九江）铁路线南北布防，并沿鄱阳湖西岸配置兵力。两个兵团呈“T”字形布阵，各自防御纵深都有100多公里，日军想轻易突破这两个部队的防线，也非易事。

陈明仁的预2师前身是贵州省保安团，平时担任保安、警察任务，没有参加过一次正规战斗。部队虽然一次性装备了武器，但是战斗力极差，如果仓促投入战场，肯定不堪一击。所以当总指挥何应钦问陈明仁是否能够担任战备任务的时候，陈明仁也实话实说，不能担任战备。蒋介石听闻以后，欣然应允了何应钦变更预2师任务的请求，将陈明仁的部队归于第9集团军第66师，这正是张发奎的第2兵团，不过预2师当前任务不是战斗，而是调到瑞昌抓紧训练，以备后用。

陈明仁奉命在江西瑞昌整训，他决定在最短的时间内改变部队面貌。一场突击训练拉开了帷幕。他提出了“练为战”、“平时多流汗，战时少流血”的口号，在训练上下足了功夫，一切以实战出发，少了军事理论、战场原理等短时间内难以消化的东西，加重了突击训练的比重，日夜训练，所以部队战斗力提高很快。

他注重战士的体能训练，严格要求战士们掌握武器操作和保养的技能，所以，操场上呈现出一片热腾腾的景象。有的时候陈明仁亲自上任做示范，单兵、战术……他精彩的示范赢来了满堂喝彩。在陈明仁的带领下，部队训练掀起了一个又一个的热潮，部队完完全全从保安团脱胎出来了。

日军坦克在街头横冲直撞

此时已经到了7月中旬，九江的战斗已经进行了半个多月。国民党军伤亡惨重。国民党军伤亡惨重也是有他的客观原因的。早在6月23日，波田支队与第106师团在海空强大炮火的掩护下，强行在彭泽马垱要塞登陆。对于这次强制性登陆，国民党军有些估计过低，最终导致在日军强烈的炮火下损失惨重，被日军强行撕开了一个口子。

日军很快就组织九江市争夺战，面对日军的强烈进攻，国民党军利用马垱残剩要塞阵地和预设工事，与敌人展开拼死争夺。这场战斗小有成果，在湖口流泗桥重创日军。为固防九江，蒋介石又急调九个师又三个团的兵力，配置在九江沿江沿湖一带。陈明仁的部队就是此时参加了战斗。

7月23日，日军趁夜偷袭姑塘，这天风雨交加，但是日军没有捡到一丝一毫的便宜。守备部队奋勇抵抗，战斗激烈，连战四

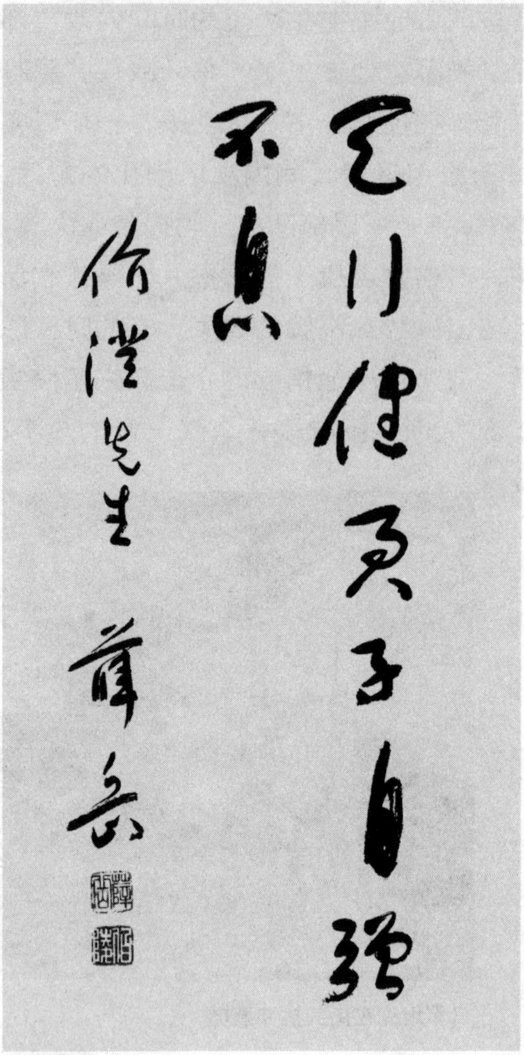

薛岳书法

天，击伤击毙日军数千人。四天后日军大军压阵，九阳失手。

日军占领九江后，兵分两路，主力沿瑞武线西进，直指武汉，另一路顺南浔线夺取德安，掩护主力侧翼，来势凶猛。情况十万火急，国民党军委会及时调整部署，将南浔线作战交由薛岳兵团。

薛岳虽不是黄埔出身，但是善战能打，经常兵出奇招。他决定利用九江西南和鄱阳湖西岸庐山山脉这一天然战略要地作屏障，在德安、武宁一线纵深配置兵力，再次构筑坚固工事，步步阻击，小范围争夺，逐步迟滞、打击日军，以时间来换空间。陈明仁预 2 师负责坚守庐山担任狙击任务。

日军到了南浔线两侧，和国民党军进行了苦战，战斗十分惨烈。开战前十天，日军死伤严重，有记载战死大队长以上军官四人、伤五人，各联队中小队长伤亡过半。拉锯战的形势终于形成，国民党军在金官桥一地和日军相持长达一个多月，敌人多次组织强攻，伤亡惨重，第 145 联队被全歼。

日军在南浔线久战无功，消耗甚大。另外庐山地形险要，迂回困难，实力大减，急调第 101 师团于 8 月 20 日在星子附近登陆参加作战，预备攻占隘口街，向德安进犯，企图切断南浔线国民党军退路。陈明仁部利用庐山南麓峰峦起伏、地势险峻这一天然屏障，构筑数道防御阵地。第 101 师仰仗飞机、军舰、战车等海空军优势，猛烈地进攻国民党军阵地，但国民党军奋勇杀敌，日寇第 101 师团损失惨重。

战壕里的中国士兵（1942）

9 月 27 日，在日军第 101 师团第 101 联队进攻金轮峰时，陈明仁一马当先，将师指挥所迁至前线指挥所，誓与阵地共存亡。他慷慨激昂地号召将士："日本侵略者毁我中华，践踏我河山，岂能坐以观战、束手就擒？"一时军心为之大振，纷纷表示不击退日寇，决不离开九江，英勇杀敌，奋起抗战，直至将第 101 师团全部消灭。

但是，一场小小的胜利并没有完全阻挡日军的凶猛攻势，8 月 24 日，瑞昌陷落。9 月 25 日，麒麟峰争夺战开始，敌铃木联队全军覆灭。万家岭一役，国民党军歼敌万余，取得九江抗战以来的最大一次胜利。胜败相加，国民党

进攻庐山的日军炮兵

军苦苦支撑，直到10月28日德安城沦陷，九江战役结束。

九江战役从6月23日开始，到10月28日结束，历时四个多月。九江战役伤毙敌军几乎占整个武汉会战的一半，拖住敌人三个月以上。据统计，日军死亡约5万人，国民党军牺牲在九江的达14.35万人，单从数量上看，敌我相差悬殊。在九江与日军会战中，国民党军参战的其他8个师均溃不成军，独预2师敢打敢拼，坚守阵地，拿出与庐山共存亡的气势，完成了预定任务，受到了蒋介石和何应钦的嘉奖。

预2师在九江一战中可谓一枝独秀，建立奇勋，正当陈明仁沉浸在胜利的欢喜之中时，军政部突然宣布取消预2师的番号，并令预2师和第44师合并，任命陈明仁为44师师长。从一个预备役的师长成为正规军的师长，并且还是一支用新式武器全副武装的税警团改组过来的队伍，陈明仁却坚辞不受。原因是陈明仁自从接手预2师以来，花了很大的气力和心血整顿预2师，与将士们感情颇深，就像自己一手拉扯大的孩子。这支原本不能作战且不必参战的部队出色地完成了战斗任务，得到了上级的嘉奖，如今却被撤消了番号，岂不是有功反受罚吗？要知道，一支部队的番号就是它存在的基础，像生命一样重要，况且第44师隶属军长俞济时管辖，此人独断专行，权利欲极强，若是被他控制了第44师的人事、经济大权，皮之不存，毛将焉附？恐怕预2师的官兵都将流离失所、难免被吞的命运。即使对陈明仁本人来说是名至实归，但是为了全师官兵，陈明仁宁可解甲归田也不肯取消预2师的番号。为此，陈明仁直奔军政部，找到何应钦，当面据理力争，逼迫何应钦请蒋

俞济时

介石收回成命。不久，陈诚从中作梗，最终还是撤消了预2师，开往江西拨归第8军建制，陈明仁奉命回军政部待命。陈诚以邀请陈明仁担任第8军副军长为由来试探陈明仁，结果陈明仁据实相告须遵何应钦指示，拒绝了陈诚的邀请。从此，陈诚便将陈明仁视为何应钦一派，将其看成眼中钉、肉中刺，大有势不两立之意。

张治中

陈明仁回到汉口以后，仍然念念不忘预2师。恰逢何应钦又由四川补充了三个团恢复了一个正规师，交由陈明仁统帅。陈明仁大喜过望，趁机向何应钦请命将这个师改番号为预2师，获准奉命调任长沙，拨归张治中麾下整训，附带担任长沙城的警备任务。但是，由于部队开拔长沙时，警备司令改由酆悌接任，陈明仁对此大为不满，疾言厉色地对张治中表示自己在长沙的任务是整训，既然他陈明仁不担任警备司令，那么部队也不担任警备方面的任务，除整训接受指挥以外，其他恕不接受。张治中也只能作罢。

在预2师的事件上，陈明仁耿直不屈、恃才傲物的性格特点表现得淋漓尽致，宁折不弯的个性自然是陈明仁豪气干云的一面，但同时也为陈明仁树敌埋下了祸根。

第五战区司令长官李宗仁赴前线督战

第二节 血战昆仑

夏威

通过庐山这场硬仗，陈明仁摔打了部队，预2师增长了经验。此时的预2师已经不是当初的预2师了，拥有了丰富的作战经验和新式的武器装备，成了蒋介石的嫡系部队。1939年秋，预2师调归第5战区李宗仁指挥，经过短时间的休整后，于1940年参加桂南会战。

1939年11月，日军经过长期的征战已经力不从心，速战速决的狂言已经成为泡影，所以，日军做好了“最后一搏”的打算。南线日军为截断桂越（中国南宁到越南谅山）交通线，封锁国民政府南下的交通命脉。派遣第5师、台湾混成旅协同海军第2派遣支舰队、第3联合航空队，于一天清晨对钦州湾发起偷袭。抢占桂南地区的战争由此打响。日军指挥官安藤利吉是第21集团军司令官，此人一贯以作战凶狠著称。

中国方面总指挥是第4战区第16集团军总司令夏威，他采取的防御方针是设防于广东防城、阳江及广西贵县、南宁之间的广大地区，准备利用郁江以南地区既设阵地逐次抵抗消耗日军，伺机反攻。

11月15日晨，日军利用陆空海立体作战优势在钦州湾龙门港登陆成功，国民党守军第一线防御阵地失守。24日，日军攻南宁占，紧接着，攻占高峰隘、昆仑关；日军另一部分兵力西进，

12月21日攻陷龙州，截断桂越国际交通线的战略意图初步实现。

郑洞国（左二）在前线视察

截断桂越交通线这一企图岂能让日军轻易得逞？蒋介石决心收复南宁，恢复桂越交通线，急调14个师、100架飞机，由白崇禧指挥，兵分三路，反攻南宁。12月18日，国民党军发起反攻。杜聿明指挥第5军，兵分两路，一路在炮火掩护下以战车引导步兵向昆仑关正面发起总攻，另一路迂回昆仑关侧后，力夺昆仑关日军前沿阵地及五塘、六塘等地。

第5军是典型的中央军，装备精良，清一色的美式装备。下设荣誉师（师长郑洞国）、第22师（师长邱清泉）、第200师（师长戴安澜），另外还有一部分军直属部队，武器也是非常精良。反攻一开始，国军本想一鼓作气拿下昆仑关，激战几天竟然毫无结果，原来日军占领昆仑关以后马上重新修建了工事，凭借地势战斗，优势明显。本是一场快速的攻坚战，一时转为了对峙。此时陈明仁预2师赶来参战。陈明仁接到作战命令以后，火速动员，并且在每一个排都成立了一个敢死队。在行军的路上，他就做好了作战计划，部队一旦落地，马上就能展开战斗。

我军士兵奋力抵抗日军

陈明仁部第4、第5、第6步兵团于8月9日到达指定地点，先协同戴安澜第200师作战。陈明仁对昆仑关的地形进行了仔细研究，找到了一个突破口，那就是火力最强的

324 高地。照正常的打法要避重就轻减轻伤亡，但是，陈明仁却决定采取硬碰硬的战术。手下有人对此迷惑不解。陈明仁回答说："从地形上看这个高地虽然不显眼，据观察它绝对是个主要高地，拿下它后面的敌据点将迎刃而解。"

很快，324 高地争夺战就打响了。首先发起冲锋的是各团的敢死队。对于陈明仁的敢死队一贯有这样的说法，队员一般都由军官担任，家中独子、有家室的不能参加。即使从今日的角度来看，这些规定也非常人性化。由于敢死队身先士卒，战斗一打响，军官冲锋上前，表率作用非常好。部队士气高涨，战斗力非常强。

敢死队进攻分三条进攻线。第 4 团敢死队担任主攻，第 5、第 6 团敢死队分别是左翼和右翼。战斗选择在傍晚时分，这一时间段日军正在吃晚餐，天色也渐黑，便于掩护和出其不意。敢死队出发速度很快，冲锋到敌阵的时候却发现敌人警惕性非常高，火力依然很猛，一时间死伤不少。但是，敢死队员岂是无能之辈，马上调整了进攻队形，采取自身擅长的肉搏战。陈明仁的敢死队人高马大，善于肉搏，平时练兵的时候要求能赤手斗倒三人。所以这一战术发挥作用的时候，日军非常狼狈。敢死队员直接跳进敌阵地，短兵相接，奋力搏杀，后面部队乘势进攻。主攻方向取得明显的效果，敌人枪声渐弱。右翼敢死队已经破开日军铁丝网，先是手榴弹开路，敢死队员投掷手榴弹平时要求 70 米远，可以想象当日军蜗居在战壕里的时候突然从天而降成百上千枚手榴弹是怎样的壮观感觉。手榴弹在敌人阵地、战壕开花，敌人血肉横飞，哭爹叫娘。左翼偷袭成功，第 5 团敢死队摸上敌阵开枪的时候敌人才开始反应，冲锋枪、手枪、

戴坚（左）视察名古屋营地

手榴弹齐发，敌人丢盔弃甲。324高地夺回，预2师取得了第一个胜利。此时此刻，日军驻在南宁的第5师第21旅速援昆仑关。24日，在九塘东北枯桃岭遭遇第5军荣誉第1师。第1师予敌重创，击毙旅长中村正雄少将。

29日，在空军的支援下，第5军在友邻协同下对昆仑关发起总攻。陈明仁部接受向九塘进攻的任务。第4团追击324阵地的逃窜之敌，第4团、第5团官兵负责九塘的进攻。第5团团长戴坚勇敢顽强，部队敢打敢冲，进展迅速。九塘的日军逐渐收缩战线欲退到五塘，陈明仁马上命令第6团进攻五塘，九塘的日军已无退路，只能垂死挣扎。两团合击，九塘之敌被全歼。

五塘日军抵御不了第6团的进攻，便向四塘转移。陈明仁部不等敌军落脚就发起冲锋，敌军招架不住，陈明仁部抢占了石登岭高地。日军得知四塘被占，迅速来援，来势汹汹，足足有一个联队。陈明仁巧妙布阵，撒开了一个敞口的口袋阵，第6团居中，第5团、第4团在左右两翼。增援部队全部暴露在陈明仁的枪炮之下。这场激战整整打了一天，最激烈的时候枪筒都打红了。最后，这场战争陈明仁部取得了胜利，歼敌1000余人。预2师再次受到了嘉奖，全师上下一片欢腾。真是长我志气，灭敌威风。

身绑手榴弹的国军敢死队员誓与阵地共存亡

1940年，春节，陈明仁和全体官兵在战场上度过了一个难忘的春节。很多年以后，陈明仁回忆起这个春节还记忆犹新，说："那个春节不远处有敌人，但是我们在高处大块喝酒大块吃肉，何等的豪迈。可是那些牺牲的兄弟却永远没有了这一天，我们将永远记住他们。”

节日的气象还没有散去，陈明仁就开始计划第二轮进攻，准备抢夺高峰岩。

高峰岩之战极为精彩，这是一场精彩的以少胜多的战例。陈明仁精心挑选敢死队 50 人，全部配以德国造二十响，手榴弹若干，每人一把短刀。这 50 人个个会拳脚，准备凌晨时分发动偷袭，目标是敌前沿指挥部。敢死队到日军指挥部窗前的时候，敌军正在开会，讨论作战计划。敢死队员冲进指挥所，一阵狂扫。外面听到枪声马上配合佯攻，不到一小时，敌军全部投降，高峰岩插上了青天白日旗。

国民党军战至 31 日，昆仑关全部收复，歼灭日军约 4000 余人，击落、击毁日机 20 余架。日军第 21 集团军急调驻广东的第 18 师、近卫混成旅增援桂南地区，准备再攻昆仑关。蒋介石也急速增兵。日军于 1 月 28 日开始进攻，第一线由第 5 师、台湾混成

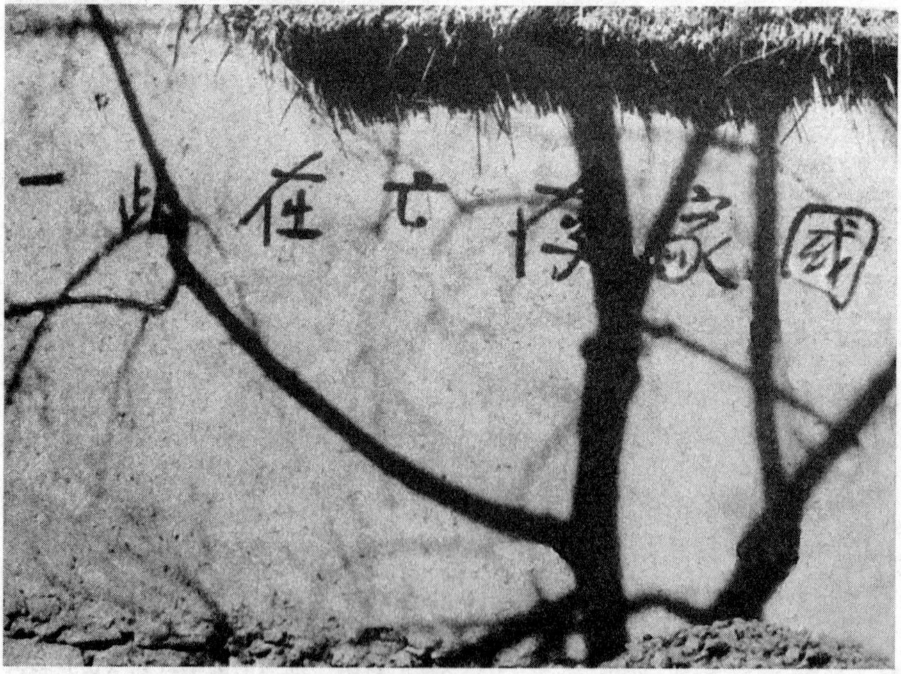

中国军队誓死抗战的标语“国家存亡、在此一战”

旅对高峰岩亘昆仑关之线实施正面攻击。第二线由第18师、近卫混成旅分由良庆、七塘经甘棠、那河迂回宾阳。2月1日，蒋介石命令第4战区司令长官张发奎担任桂南作战总指挥。2月2日，日军攻占宾阳，3日占领昆仑关，8日陷武鸣，9日开始回撤。因为战线太长，日军命令第18师调回广东；另外，日军第5师、近卫混成旅、台湾混成旅改组为第22集团军。在后撤的时候，国民党军增援部队全部到齐，乘势展开“打狗战”，边追边打，先后收复宾阳、武鸣，夺回昆仑关等地。此后，双方对峙。7月，日军攻陷龙州。9月，日军第21集团军进入越南。10月，第4战区第16、第35集团军展开大反攻，先后收复龙州、南宁、钦县。11月30日，收复镇南关（今友谊关），将日军全部逐出广西，日本宣告此战失败。

桂南会战跨战区调动了25个师的兵力，加上空军的配合，共同对付入侵的日军精锐师团，在军事上挫折了日军的锐气，对其政治谋略也是一个沉重的打击。此役共消灭敌军5000余人，击毁日机20余架，缴获山炮、迫击炮百余门，炮弹数千发，步枪1000余支，枪弹10万余发。

第三节　腾冲之战

国民党远征军成立的历史背景是第二次世界大战的全面爆发，1940年6月4日，敦克尔克之战英法大败，英伦三岛岌岌可危，英国希望借中国的力量支援英国在远东地区的殖民地，特别是缅（缅甸）、印（印度）、马（马来亚）方面的军事。同时，中国方面也是到了最后阶段，为了要取得抗战的最后胜利，必须确保滇缅路这一中国唯一的国际交通运输线的畅通。所以，1940年10月，英国开始酝酿组建中英军事同盟。1941年12月23日，中英军事同盟正式成立。中国远征军于1941年根据中英军事同盟成立，中国远征军根据当时作战情况分为两个阶段和三种不同任务、

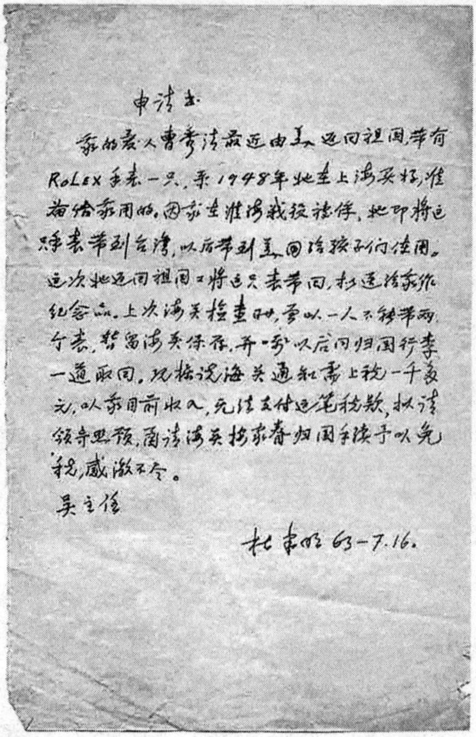

申请书

我的爱人曹秀清最近由美国返回祖国带有ROLEX手表一只，系1948年她在上海买好，准备给我用的。因我在淮海战役被俘，她即将这只手表带到台湾，以后带到美国给孩子们使用。这次她返回祖国时将这只表带回，打算送给我作纪念品。上次海关检查时，要以一人不能带两个表，暂留海关保存，并嘱以后同归国行李一道取回。现据说海关通知需上税一千多元，以我目前收入，无法支付这笔税款，特请领导照顾，函请海关按我眷归国手续予以免税，感激不尽。

吴主任

杜聿明 63-7.16.

杜聿明手迹

不同作战地区的军队组织。这里，首先要明确两个不同的部队名称。一个“中国驻印军”，这支部队从 1941 年 12 月 11 日进驻缅甸开始，隶属于第 1 路军指挥。另一个名称“远征军”，是第 1 路军失败后和新增加部队的综合体，也包含了“中国驻印军”。

中国远征军第 1 路司令长官司令部司令官卫立煌，但是卫立煌迟迟没有上任，一直由杜聿明代理，继任罗卓英，副司令长官杜聿明；第 5 军军长由杜聿明兼任，第 200 师师长戴安澜、新 22 师师长廖耀湘、第 96 师师长余韶，游击司令（即第 5 军新兵训练处）黄翔；第 6 军军长甘丽初，第 49 师师长彭璧生、第 93 师师长吕国铨、暂 55 师师长陈勉吾；第 66 军军长张轸，新 38 师师长孙立人、新 28 师师长刘伯龙、新 29 师师长马维骥。

1942 年以后，中国驻印军总指挥部总指挥由史迪威兼任，副总指挥为郑洞国（之前为罗卓英）；新 1 军军长郑洞国，继任孙立人；新 30 师师长胡素，继任唐守治；新 38 师师长孙立人，继任李鸿；第 50 师师长潘裕昆；新 6 军军长廖耀湘，新 22 师师长李涛，第 14 师师长龙天武。

1943 年以后，远征军司令长官司令部司令官陈诚，继任卫立煌，副司令长官黄琪翔；第 11 集团军总司令宋希濂，第 2 军军长王凌云、第 6 军军长黄杰，第 71 军军长钟彬、第 5 军第 200 师师长高吉人；第 20 集团军总司令霍揆彰，第 53 军军长周福成、第

54 军军长阙汉骞；直属部队，第 8 军军长何绍周。

陈明仁的部队正是 1943 年参战的部队，受陈诚指挥。

从 1937 年日军全面侵华战争开始，中国仅有的几条国际交通线先后被日军切断，从 1938 年 1 月开始，蒋介石动用 20 万中国民工修筑的滇缅公路在年底全线通车，所有国际援华物资通过此路进入大后方，进入全国战场，因此，这是一条至关重要的后勤保障线。1941 年底，日军入侵缅甸，企图切断滇缅路。1942 年 2 月，10 万中国远征军出征作战，保卫滇缅路，但是，日军抢占先机，远征军遭遇大面积溃败，滇缅路被切断。滇缅路一被切断，中国将无外援，只能困兽犹斗。所以，夺回此线，势在必得。

此时的预 2 师被合入第 71 军，军长钟彬，副军长陈明仁。1944 年 5 月初，中国远征军司令长官卫立煌指挥中国远征军开始发

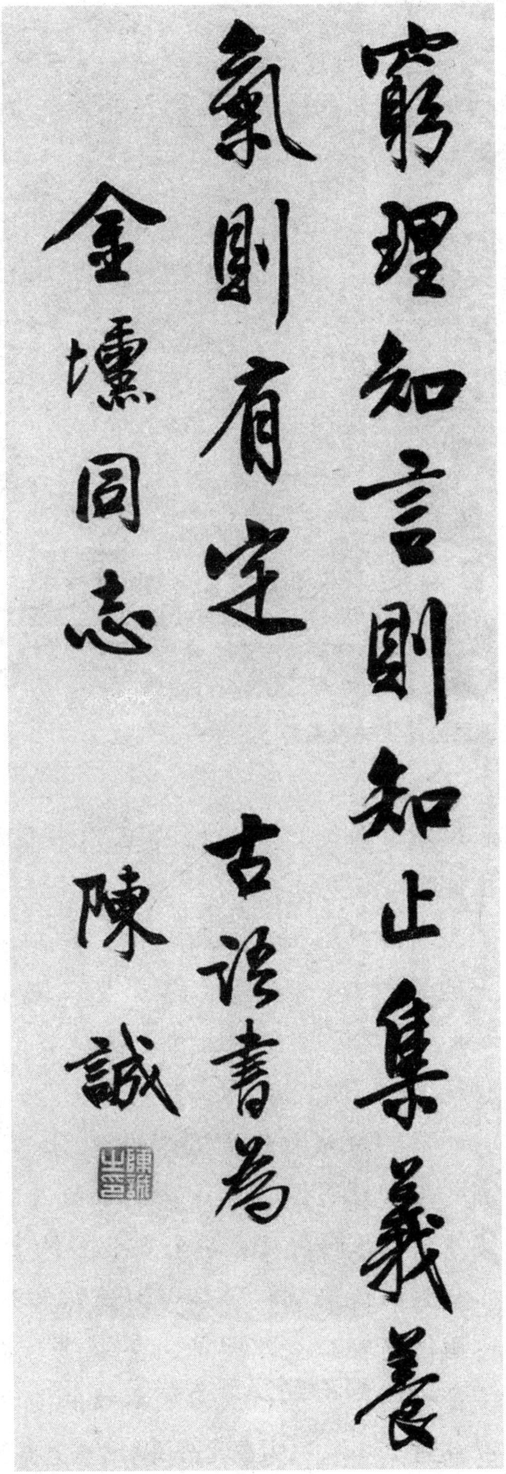

陈诚行书书法

滇缅公路上的惠通桥远征军守卫部队

起反攻。陈明仁部隶属的第 11 集团军担任腾冲攻击战，第 71 军担任主攻任务。

腾冲（现腾冲县腾越镇）是一座石城，建于明代，位于腾冲平地的中央，城墙长约 4 公里，城墙整体呈四方形，高 5 米，宽 2 米。城墙的外侧由大块石头筑成，内侧由泥土筑成，浇以石灰，坚硬无比。此时腾冲约有人口 4 万，是滇缅线上的重要城市之一。

腾冲除城以外周围全是高山，南面，距离 2 公里处是 200 米高的来凤山，西面，距离约 3 到 4 公里处是宝凤山，北面，距离约 4 公里是高良山，另外东北方约 2 公里是飞凤山。

来凤山最高，登高可以直接俯视整个腾冲城，日军守备队把这里作为一个战略要地，坚固地设防。守城的是日军第 56 师团，装备精良，也是一支多次参战的部队，有丰富的作战经验。1944 年 6 月 27 日，中国远征军于早上 6 点，向来凤山阵地展开炮击，6 月 28 日早上 7 点，又向东营阵地展开炮击，攻城之战打响。

中国远征军在战场间隙休息

日军高良山阵地首遭攻击，高良山守敌不多，从东北方向进入飞凤山的第198师两个营主动发起攻击，枪战激烈，因为日军有地势优势，苦战三天，日军以大多数人受伤的惨重代价而放弃了高良山。战争进入相持阶段。

7月8日，第36师从西面，第71军预2师和第116师分别从西南面和东面向来凤山阵地和礼仪台阵地展开了大规模的火力侦察。对于这次火力侦察，陈明仁做了精心的准备，虽然有美国提供的卫星地图，但是，他再一次选派了得力人员对实地进行了勘察，取得了一线资料，为部队的攻坚战提供了有力的军事计划保障。

时任第71军军长的陈明仁

7月20日，卫立煌下令对腾冲的总攻开始。7月23日八点半，中国远征军的第一次总攻击开始。陈明仁预2师向白塔高地发起了进攻，友军第36师在预2师的左侧向东营阵地发起了强烈攻击，另外，第116师则从东面向礼仪台阵地及满金邑阵地发起了攻击。日军在腾冲城遭遇远征军的猛烈进攻。

腾冲攻坚战中，陈明仁部进行的是一场苦战，没有美军空军的协助，没有火焰喷射器和黄磷弹，对来凤山的进攻只能靠硬战，伤亡很大，但是官兵们无一退缩，勇猛异常。“不消灭侵略者，收复国土，无以对炎黄先圣和后世儿孙!”陈明仁这样激励着部下，也是这样激励着自己，誓将最后一滴血滴在抗击日寇的战场上，直打得山河变色，日月无光。

7月26日，中国远征军发起了第二次总攻，中国远征军动用57架战斗机和轰炸机组成的联合空军，以来凤山为重点进行空袭，将5000余枚炸弹化为愤怒投向敌人。地面攻击部队不等敌人有喘气的机会，采取车轮大战，不分昼夜疯狂进攻。多少中华好儿女将自己的血肉之躯留在了腾冲这片鲜血染红的土地上。7月27日傍晚，敌守军藏重大佐溃逃，放弃来凤山阵地，远征军缩小战斗圈，双方的战场转移到了城墙边，日军从外围作战转入守城。日军异常狡猾，在各个城门外及各城墙角都修建了碉堡，非常坚固。各个城墙的上面和墙角的上面，均设置了半遮盖的火炮掩体和机关枪掩体，在城墙的下面，还建造了五六个防空洞。这些就为远征军的攻坚战造成了很大的障碍。

装备了美制坦克的中国远征军

日军死守，远征军死战。8月2日早上，远征军开始对腾冲阵地进行炮击，发射炮弹3000余发。另一方面，远征军在约60架战斗机的协作下，第36师向南西城墙发起了攻击，其他各师也随着加强了对腾冲城的包围，并各以一部分兵力从正面向日军守备队发起了攻击。

中国远征军采取先用炸药炸城墙，试图打开缺口，然后用火箭炮或者火焰喷射器向阵地射击，采取突破强攻，避免外围战的相持战。8月3日，远征军最先攻破南西角的据点，攻破据点以后，就利用火焰喷射器，集中火力反复对南西角强攻，为后续部队扫清了障碍。

8月7日，陈明仁预2师抽调了一个团的兵力增援第36师，对腾冲城强攻。8月8日零点，南西角和南东角完全被远征军攻破，8月9日，5000远征军从这两个突破口冲进城内。

与此同时，国军的飞机不停地轰炸敌人，一枚炸弹将日军藏重大佐炸死，日军损失惨重，开始对远征军的强大攻势感到无比的恐慌。8月14日，远征军进一步扩大战果，对腾冲城的第二次总攻终于开始了。8月15日晨，第198师就开始对北西角的拐角楼阵地及北东角的饮马水阵地发起了猛烈的进攻，很快占领北西角、北东角。两角一开，势如破竹，远征军全部进入城内。8月19日，远征军开始了对腾冲城的第三次总攻击。中国远征军的兵力除第36师以外，预2师、第198师全部投入战斗。

抗战时期的国民党部队

惨烈的巷战开始，我军和日军展开拼死搏斗，战斗惨烈。

在第三次总攻击中，远征军已经攻占了腾冲城三分之一的地域，但是敌人仍然负隅顽抗，拒不投降。8月22日，远征军再次发起全面进攻。8月22日二十三点，终于攻占敌人的西门阵地，消灭日军近一半的武装力量。8 月 25 日，第四次总攻击开始，日军残敌仍然死守阵地，但是此时此刻已经不能够形成战斗力。9 月 14 日，远征军腾冲攻坚战全面胜利。

腾冲一战经过一个半月的时间，共歼敌约 4000 余人。陈明仁被称誉为“能战之将”，陈明仁的预 2 师被称誉为“能战之师”。腾冲之战奠定了滇西反攻的第一个胜利。鼓舞了士气，提高了斗志。

第四节　松山围歼穷寇

时间很快就到了 1944 年，中国远征军征战所取得的战果虽然代价很大，但是取得了预期的效果。国民政府决定进一步扩大战果，命令“远征军应乘出击部队进展顺利及我驻印军一部奇袭密支那之机会，于敌增援部队未到达前，以主力渡河，扩张战果，攻击腾冲、龙陵、芒市之敌而占领之。主力指向龙陵。渡河于准备完毕后即开始。”远征军接到进攻命令，就开始精心部署，积极备战。

陈明仁所属的第 11 集团军担任攻略龙陵、芒市的任务，同时准备以主力由惠人桥迄七道河间地区各渡口渡过怒江，抢占右翼，向龙陵、芒市包围攻击。

指挥反攻龙陵的中国远征军高级将领

第 11 集团军的具体任务部署是：第 71 军配属第 5 军的山炮营为右翼攻击军，先攻击腊勐、松山，随即以主力直攻龙陵。第 2 军（新 33 师及第 9 师之一团）为左翼攻击军，协同第 76 师之加强团，迅速扫荡平戛残敌，确实占领情况。第2军主力限5月30日以前到达平戛东南地区集结，准备完毕以后向芒市攻击，阻止敌人的增援。新39师继续向红木树地区的日军攻击，攻占后再相机袭占腾冲。

日军以第56师团为主力。该师团以龙陵为中心，在前方有松山、平戛两据点。松山、龙陵以日军第113联队主力，平戛、芒市以日军第146联队为主力。

在松山与平戛之间是高黎贡山，日军在此设有若干小据点，均可单独战斗。高黎贡山地势险峻，只有单独一条通道，一夫当关，万夫莫开。松山位于高黎贡山前沿，海拔5300米，滇缅公路盘旋其间，位置关键，控制了盘山的公路和怒江河谷，就等于控制了进出龙陵的必经之地。日军在此重点防守，以二十几个小据点组成的堡垒群式的据点，交叉火网，阻挡来敌，相互支援，相互照应。

6月1日早上，远征军第71军从北，第2军从南，分由惠通桥、毕寨渡、三江口附近强渡至怒江西岸，向龙陵、芒市发起进攻。

陈明仁部已经按照指定的计划到达预定阵地，开始了攻击战。很遗憾，天公不作美，天下起了雨。全师官兵在泥泞中坚持战斗，

卫立煌（右一）陪同中印缅战区总司令蒋介石（中）视察部队

因为下雨后的道路湿滑无比，增加了攻击的难度。第一次攻击，敌军居高临下，远征军损失严重，只得退下攻击阵地，准备等候机会发动第二次进攻。

卫立煌命令部队换防，由第 8 军接替战斗。第 8 军是李弥的部队。李弥，黄埔四期生，擅长攻坚战，部队全部装备了美式装备。一接到命令，李弥到达阵地就开始发动攻击。攻势很猛，但是敌军反抗很激烈。连续战斗半个多月，竟然没能够将敌军攻克。卫立煌非常吃惊，如果再拖下去，滇缅路不通，后续战斗将无从谈起。所以，无论如何都要将松山拿下。

卫立煌亲自上了前线，国军中有这么一个说法：卫立煌粗中有细，只要他亲自征战，此战必胜。卫立煌的这一举动，大大鼓舞了士气。卫立煌到达指挥所以后，没有立刻进行有效的进攻，而是听取军情汇报，讨论新的攻击战法。

日军的暗堡低下，飞机炸弹不容易攻击，地面部队的枪炮又不容奏效。这时候有人提议，进行近距离攻击，避开日军暗堡的迅猛火力。此计一出，就得到了大家的认可。卫立煌建议，采取挖掘地道，接近敌人后然后猛打。李弥命令第 103 师第 307 团向敌左翼佯攻，第 309 团向敌右翼佯攻，其余人员都去挖掘地道。

战场上谈笑风生的李弥

敌军不知是计，分别从左右两个方向猛烈回击。第 307 团、第 309 团攻击失败，退了下来，坑道的挖掘在这段时间内，却顺利地挖到了预定的位置。

傍晚时分，李弥部发起了新一轮的进攻。并且，部分官兵利用坑道接近敌军，双方短兵相接。一时间火炮声大作，特别是在坑道的官兵利用新式的火焰喷射器让蜗藏在地道的敌人无处躲藏。8月2日，我军攻占滚龙坡。8月10日，占领大垭口，收复松山指日可待。

一名中国远征军士兵中弹倒下的瞬间

8月11日，陈明仁部荣3团第3营、第103师第309团增援松山，推广对壕作业、坑道爆破及使用喷火器等战法，连续发动围攻，于8月31日将松山外围据点全部攻破，仅剩下中央高地的两个中心据点尚未攻占。9月4日早上，远征军再次发起总攻。战斗惨烈，血战至当日黄昏。陈明仁出现在最前沿，亲自鼓励官兵，“不和敌人死扛，主要保存战斗力”，“火炮一响，攻击一阵”。并且要求部下：“你必须给我守住，绝不可后退，这关系整个战役大局。”在陈明仁的教导和鼓励下，官兵不断地占领敌人的小据点。

当炮声再一次响起，借着阵阵硝烟，远征军倾巢而出，大军压阵，将负隅顽抗的日军置于万劫不复的死地。10月，克复松山，全歼守敌。李弥部伤亡惨重，一师三团伤亡3000多人，整编时仅存一连人。荣3团及第309团也是伤亡惨重，全团仅余20余人，第246团仅余8人，工兵及搜索连全部阵亡。

松山之战历时4个月，在这座方圆不足10平方公里的山头上，中国共投入2个军、5个步兵师及工兵部队若干，多达6万余人，而敌人只有1260人，敌我双方兵员比例约50比1。动用火炮200多门，发射炮弹数万发；另有美国飞机空中支援和中国空军的支援。松山日军1260人全部被歼，远征军则付出了惊人的伤亡代价，士兵阵亡超过6000人，受伤1万余人。这是何等惨烈的代价，英雄千古，青史永垂。

第五节　龙陵攻坚苦战到底

陈明仁部经过松山一战元气大伤，但是因为他战术高超，又善于调动部队的士气和作战能力，松山一战之后，他的部队编制基本仍然存在，所以，蒋介石又命他率部马不停蹄地投入到龙陵之战的支援之中。古话说，一鼓作气，战无不克。虽然陈明仁部损失很大，但是部队热情非常高，士兵们一个个摩拳擦掌，慷慨激昂。

中国远征军第11集团军第87师在5月10日强渡怒江成功后，就开始了龙陵攻坚战，不过，战斗打得很苦，以硬碰硬，战果并不明显。苦战十日之后，第87师到达黄草坝。

黄草坝西靠腾龙公路，北近松山，离龙陵仅仅十公里，被日军视为第二屏障，重兵把守。战争开始，虽然远征军攻势很强，但敌拼命据守，采取以逸待劳的战术，远征军一时居然没有捡到丝毫便宜。但是，远征军锐气正盛，斗志正强，一个个宁死也不下火线，同时又审时度势，改变战术，假意向北佯攻松山。日军不知是计，抽一半以上的兵力向松山后面增援，远征军乘势发起猛攻，当敌军发现其主攻意图急忙回兵来救时，远征军已经攻克了两个坚固堡

从保山驮运步枪去松山前线的马队

垒，奠定了攻克黄草坝的态势。

日军疯狂扫射民巷

黄草坝位置重要，如被轻易攻克，龙陵城将受到极大的威胁，日军十分明白这个道理，所以，日军又发起了猛烈的反攻，企图抢回失地。但是，日军三个主要据点已经丢失了两个，远征军已占有了绝对的优势。远征军马上利用起占领的敌据点，相互支援，日军屡攻屡败，此时第 87 师师长张绍勋亲临一线，为官兵打气。官兵士气大振，喊杀声震天，步步前进。在炮声的掩护下，远征军以排山倒海之势，将敌军最后的据点团团围住。敌军孤军据守，还冥顽不化地做着最后的顽抗。

爆破队将十几个炸药包捆作一团，引向敌阵。一声巨响，引爆成功，敌堡就这样被摧毁了。黄草坝被远征军夺占，残敌向龙陵城北第三道防线深沟溃退。

兵败如山倒，龙陵城外文笔坡、西山坡、广林坡、华坡、风吹坡等日军据守临城阵地被远征军相继攻克。陈明仁、钟彬率第71军，协同荣1师、新39师，将龙陵城团团围住，围得水泄不通。城内敌军已成为瓮中之鳖。

7 月 2 日，说来不巧，正当第 87 师主攻龙陵城外敌人的时刻，眼看胜利在望，突然 20 多辆满载日军的装甲车，从腾冲顺腾龙公路溃退，见此情景，立即进城支援城内日军，包抄了已攻入城内的第 87 师。胜利在即的第 87 师瞬间遭到前后夹击，腹背受敌，难以支撑，局面危险，担任前沿主攻的第 259 团伤亡更为惨重，这突来的情况让他们前后难以照应，第 87 师不得不临时撤出龙陵城，集结在黄草坝。

缅甸丛林里的中国远征军机枪手

黄草坝休整三天后，远征军对敌人发起了总攻。但是城内敌人因为有援兵，实力大增，甚至有的时候还主动出击。赵家祠堂、回头坡、东卡等阵地，均是得而复失，失而复得，远征军极难固守。陈明仁将所部重新部署，将部分炮兵打完炮弹以后改为步兵，同时在空军的支援下，对日军采取倒三角攻势。中路看似主攻，其实是佯攻。左右看似佯攻，但其实是主攻。如此虚虚实实，弄得敌军一时摸不清头脑。

战斗已经激烈地进行两日一夜了，双方仍处于对抗相持状态。正在这个时候，传来了第 87 师师长张绍勋饮恨自杀的消息。这个消息很让人吃惊，张绍勋为人和善，重名节，本想一鼓作气占领龙陵城，但因为日军来了支援部队而被迫退出龙陵城。他一时认为名节大失，意图举枪自杀，以死殉国。副师长黄炎接任师长，看到仍然不能够很快取胜，便召开阵前会议，要各团、营长重拟战法，采取快战法，加强进攻速度。陈明仁部成立军官敢死队，清一色的军官组织突击队，为后续部队打缺口，后续部队先锋是机枪队，清一色机枪。战斗再一次打响。枪声、炮声、杀声隆隆。叫声、喊声、厮杀声震天动地。两个小时后，龙陵城的左门被打开。官兵蜂拥进城。至 4 月，龙陵城城内攻坚战打响，龙陵城周围的大小据点，都已被国军一一攻破。就连大据点老东坡也被攻克，龙陵城唾手可得。可是，当所有军队围攻东卡据点的时候，却再次付出了惨重的代价。

东卡，龙陵城的东大门，是滇缅公路北面穿城的入口，正东面是老东坡脚下一个坝子。日军在面对坝子和公路入口处修筑了四个坚固的堡垒。堡身周围均在5公尺左右，高不过1公尺。堡垒的四周用椎栗树、红木树等坚硬木材一棵挨一棵地栅在周围，用钢板钉于其上，密密麻麻。顶端用木头栅严，再用钢板铺钉于其下。普通炮弹难以奏效。

中国军队攻入龙陵

8月8日，远征军长官司令部命令对敌人四个堡垒目标进行全面总攻。枪炮交织，组成强大严密的火网，不给敌人一点抬头喘息的机会，准备以最大的代价换取最后的胜利。下午一点，总攻开始。所有重型武器万炮齐发，山摇地动，处处火海。一刹那，东卡上空硝烟弥漫，尘土蔽天，焰火冲天，整个龙陵城都被火光和浓烟笼罩着。这时远征军山炮对龙陵城敌人的护卫阵地东卡作直接射击，敌人没有丝毫喘气的机会，躲在碉堡内的敌人没有机会探头，如雨点一般的各种炮弹的轰炸似乎要将这一带化为平地。

一个小时后，枪声炮声停止，大地一片死寂，听不见任何声音。随即，远征军从东卡四周跳出掩体，小心前进，层层向东卡敌阵压缩。坚守在堡垒内的绝大部分残敌，由于堡垒被我军炮击掀起的泥土、瓦砾等物掩盖，里面的空气几乎处于不流通状

一名中国士兵展示缴获的日军装备

态，被迫冲出来和远征军短兵相接。敌一出碉堡，远征军便从前后左右将敌人包围，包围圈越来越小，轻武器手榴弹都不能使用，只能单兵肉搏，这是一个怎样顽强而惨烈的肉搏场面？双方士兵丢下枪支，或者手握短刀，或者赤手空拳搏击，宁可同归于尽，也决不把生的机会留给对方。这样残酷的近身肉搏了两个多钟头，顽敌全部被歼，恶战方告终止，远征军取得全面胜利。

这次战斗，击毙日军300多人，还俘获100多名印度、缅甸等国奴役士兵、12名日本军妓及她们的一些刺绣慰劳品，缴获大小枪支600多条，共缴获各种枪支、子弹、瓶酒、食品罐头、药物等200多箱、衣服被毯30多袋。日军第113联队队长率领残敌向芒市突围，部分人员逃离包围圈。陈明仁发出倡议："日本法西斯主义者，其野蛮残酷，真是人世间所罕见，我们誓与他血战到底!"他亲率第71军追歼，一鼓作气攻破芒市。龙陵战役结束之时，钟彬另作他用，陈明仁荣升为第71军军长。

第六节　与回龙山共存亡

"拿不下回龙山，我就死在山头上，与回龙山共存亡。"就是这句誓言和言出必行、拿下山头的战果使得陈明仁在回龙山一战后享誉海内外，成为蜚声中外的"常胜将军"、"能战之将"，令盟军将士心服口服，也令嚣张的敌人闻风丧胆。

美军联络官教授中国远征军士兵操作迫击炮

1944年11月的回龙山战役，是陈明仁担任军长以后完完全全独立指挥的一场战役。

回龙山是畹町的门

户，远征军最后与驻印度军队会师，畹町是最后的障碍。11 月，夺取回龙山的战斗打响，首先由第 200 师和第 9 师担任主攻。在美国空军和国民党空军的支援下，两个师连续攻击了七天，却久攻不下。

这个时候，卫立煌电令陈明仁部担任主攻。在陈明仁上场之前，已是第 11 集团军军长的黄杰对陈明仁说："这是一场硬仗，只有你才可以胜任。"在对日军作战以来，陈明仁部还没有吃过一次败仗，所以，陈明仁充满了自信。卫立煌问陈明仁："是否有把握拿下回龙山?"陈明仁早已侦查过敌情和地形，对此战自是心中有丘壑，此时一拍胸脯，放出豪言："只要让我全权指挥空军、炮兵、步兵，一天之内必将拿下回龙山，全歼守敌！"虽说司令部的将军们都对陈明仁如此夸口深感质疑，卫立煌自己也将信将疑，但见陈明仁如此轻松自信，还自愿立下军令状，也只好将最后的希望寄托在陈明仁身上。卫立煌略一低头思索，便命令由陈明仁全权指挥此一战役。

陈明仁与新上任的第 11 集团军司令官黄杰一道勘查前线以后，召集了所有团以上的军官，详细地对日军部署现状作了分析。同时，他对日军的心理也作了一些分析。他说，日军已经成了丧家之犬，他们都在作最后的挣扎，所以越是到最后越要对敌人凶狠，千万不能掉以轻心。要做到两戒：强求胜者戒，明知败了还要硬冲，不做无畏的牺牲；轻敌者戒，哪怕敌人只有一个人了，也要小心为上，防止敌人来个鱼死网破，作困兽之斗。

众军官听后，将所有情况传达给每一个士兵，每个官兵在思想和武器装备的准备上都到了最佳的战斗状

抗日战争中的国军

誓死保卫家乡的中国军人的英姿

态。

战争开始。陈明仁命令所有火炮改为不定时发炮，让敌人摸不清头脑，不能让敌人掌握我方发炮的规律。第88师主攻回龙山两侧，另外，一部分人员负责断后。预备队佯攻三台山。为充分迷惑敌人，使敌人相信我方主要是进攻三台山，故此请求空军假装空袭。一切布置完毕以后，战斗打响。

陈明仁部此时的火炮数量很可观。炮弹齐发以后，扫清了部分敌军的障碍。炮兵刚过，空军来袭，主攻三台山。日军不知是计，慌忙派兵去支援三台山。一个小时后，陈明仁命令航空部队转炸回龙山，顿时回龙山硝烟滚滚，火光冲天，敌死伤无数。虽然敌人这一次损失不小，但是，战术马上就调整过来后，就开始拼命还击，步兵出动时受到了相当大的阻力。陈明仁亲自在指挥所督战，在望远镜下看到这样的情景，不禁为战士们捏了一把汗，敌军在垂死挣扎，这真是一个很难啃掉的大骨头，回龙山注定要载入血战抗日的史册。

陈明仁加强了攻击力度，对已经开始攻击的团提出了要求，要加快时间，速战速决。一时间，杀声震天，硝烟弥漫，第88师连续不停地发动了三次攻击，打得敌人疲于招架。只用了两个小时的时间，回龙山的残敌就被全部消灭。陈明仁马不停歇地命令部队扩大战果，三台山之敌也全部被消灭，少数逃窜之敌也被陈明仁的断后部队消灭。此次回龙山之战消灭日军800余人，而陈明仁的部队只是付出了极小的代价，这是远征军中少有的少伤亡的案例。

腾冲国殇墓园

中国畹町、芒友，陈明仁第71军和新6军胜利会师。中国远征军歼灭了日军第18师团、第56师团，击溃了第2师团、第33师团，中印公路再一次被打通，取得了战略上的胜利。但是，代价也是惨重的，远征军付出了4万多年轻的生命，可以说中印公路是一条用生命打通的路。

“出不入兮往不反，平原忽兮路遥远；带长剑兮挟秦弓，首身离兮心不惩；诚既勇兮又以武，终刚强兮不可凌；身既死兮神以灵，子魂魄兮为鬼雄。”1944年，在那场著名的滇西战役中，长眠于此的中国远征军第20集团军的9000余名将士被埋葬在来凤山下的小团坡，坡上那3346块墓碑仍按着军、师、团、营、连、排、班的编制，队列整齐地排列在来凤山下。为了纪念英雄，墓地被命名为“国殇墓园”，这名字便是爱国民主人士李根源根据诗人屈原的《国殇》命名的。

凤凰不死，龙魂永驻。怀想那战火纷飞、生灵涂炭的年代，这些一如我们般年轻的战士们，告别苍苍白发的老母亲，告别情深依依的恋人，高唱着远征军之歌，强渡怒江天险，翻越高黎贡山，来到祖国的西南边陲。“旗正飘飘，马正萧萧，枪在肩，刀在腰，热血似狂潮”，他们走上国际战场，与侵略家乡的日军展开殊死战斗，二出国门，激战缅北，兵溃野人山，抢修中印公路……直至最终全歼日寇，解放滇西、收复腾冲，铸造了二战史上最成功的一次攻坚战。但是，这场战争敌我伤亡比例几乎达到1∶7，战

国民政府颁布的建造国殇墓园的布告

争惨烈程度至今仍然令人胆战心惊。

当年，腾冲之战后，“没有一片树叶没有两个以上的弹孔，没有一所房子可以遮风挡雨”，今天，人们所看到的每一间房屋，每一座堡垒，走过的每一条街道，每一条小巷，都是当年激烈厮杀的战场，都曾洒下过抗日官兵的鲜血，都曾倒下过无数年轻的身躯。这正是十万青年十万兵，一寸山河一寸血，“腾越悲歌照日月，滇西血战壮山河。”他们是英雄，但他们也是儿子、兄弟、丈夫和父亲，他们和我们一样是有血有肉的普通人，为了国家民族大义，舍弃一己之安宁，毅然踏上这遥远的征程，却永远地留在了腾冲这片热土上。

腾冲国殇墓园碧血千秋

半个多世纪以后，多少华夏儿女来到这里祭奠，却只看到这冰冷的石碑依然肃立如军营，除了墓碑上的军衔和名字可以表明他们的身份之外，我们甚至不知道他们都有过怎样的故事，怎样的爱恨情仇，怎样的生离死别，壮烈捐躯。青山有幸埋忠骨，翠柏无声伴英灵，他们长眠在这彩云之南，长眠在高黎贡山群峰的怀抱里，从此不再是春闺梦里人。

山风吹来，松涛低吟，墓园的一草一木都在诉说着那段气壮山河的历史。高台上那“碧血千秋”的石刻，忠烈祠那“河岳英灵”的匾额，墓碑前一朵金黄的菊花，展览馆里锈迹斑斑的军刀……远逝的硝烟和呐喊仿佛纷至沓来，将人们拉回到那个风雨如磐的铁血时代。

“气壮山河成仁取义，光昭日月生荣死哀”，国殇墓园就是一部热血铸成的史书，正如展览馆的前言中所说的那样：“战争已经远去了，我们仍然小心翼翼地拾掇起锈刀残号，是为了不让那段历史失落；岁月已经淡忘了，我们还在执著地收藏起那场战争，是为了彪炳中华民族的正气与勇气；时代已经前行了，我们再次打开记忆的闸门，重温那一幕幕血色的历史场景，是为了人类永远不再有战争。”这些宛若附着英烈精魂的墓碑仿佛也在随山风低吟于右任先生的那首抒怀思乡的诗：“葬我于高山之上兮，望我故乡。故乡不可见兮，永远不忘。天苍苍，野茫茫，山之上，国有殇。”

第七节　争装备节外生枝

陈明仁的队伍在中国远征军中声名远扬，陈明仁个人也得到蒋介石的嘉奖。陈明仁的第 71 军，特别是预 2 师，被老百姓广为传颂为唯一没有吃过败仗的队伍。这话虽然有些夸大，但是，实际情况确实如此，陈明仁部参加的战斗最后都是取胜，陈明仁由此也有一些沾沾自喜。的确，靠鲜血换来的荣耀，当然值得自豪。

中国远征军打通中缅、中印公路以后，蒋介石发布命令，中国远征军的一切编制取消，从此再也没有了“中国远征军”这个称呼。同时任命何应钦为陆军总司令，卫立煌为陆军副总司令，

汤恩伯（中）检视部队操作战防炮

肖毅肃为陆军参谋长。陈明仁部隶属于汤恩伯的第 3 方面军，从芒市上飞机，直奔贵阳。陈明仁部上飞机之前，就和汤恩伯发生了一场小的摩擦。汤恩伯要求陈明仁抓紧时间指挥所部上飞机，不要携带太多的行李物品，特别是武器装备一律丢下，下了飞机后全部换新的。可是，陈明仁却对汤恩伯这一说辞不加理会，抗拒执行，非得要所有士兵把武器装备全部带上飞机。汤恩伯为此大为光火，电话至陈明仁要求不带武器加快运兵。陈明仁拍案而起说："目前武器还不是淘汰之物，怎能轻易丢掉，万一发生什么特殊情况，这一个军的队伍怎么能够作战？"汤恩伯正准备辩解，陈明仁又是一连串的诘问，弄得汤恩伯气急败坏，最后争辩的结果是，汤恩伯只得默认了陈明仁不带重型武器、只带轻型武器的作法。陈明仁部飞机一到达贵阳，下飞机后就立即被整编，将其他两个军与第 71 军合并，虽然第 71 军名称不变，但是平白多了些陌生的血液，必然不好管理。陈明仁深知是汤恩伯在背后动作，又与汤恩伯闹得不可开交，导致第 71 军很长时间得不到武器补给。

这个时候，抗日战争已经到了最后的阶段，但是日军垂死挣扎，还想孤注一掷，困兽犹斗。此时，日军正准备进攻美军在华的战略空军基地芷江机场，汤恩伯即刻命令陈明仁部挺进广西，准备接受战斗任务。陈明仁部在来贵州之前重型武器全部丢失，挺进广西之前又没有得到任何重型武器的补充。在武器奇缺的情况下进入广西怎么能够开展战斗？鉴于敌我双方的实际情况，陈明仁将目光盯在桂林、荔浦、柳州三地，他要力避大型武器作战，重点发挥轻型武器的优势作用。陈明仁准备先拿下荔浦，在荔浦修筑新工事拦截逃窜之敌，然后集中精力拿下柳州，回攻桂林。所有的战斗时间都不能过长，要在短时间内结束战斗，避免弹药消耗过大。

抗击日军的中国军队通过浮桥

荔浦拿下来非常轻松，经过了铁血战斗考验的第 71 军已经有了非常丰富的作战经验，对于一场小型的攻击战，部队显得有条不紊，敌人虽然负隅顽抗，但是在陈明仁部的攻击下显得不堪一击。不到半小时的时间就取得了胜利。陈明仁部马上投入到柳州争夺战。

柳州争夺战一打响，炮声骤起，枪声大作，却听不见消耗体力的喊杀声。桂林日军得知陈明仁部攻击柳州，立马派兵来救。刚到荔浦就被埋伏的陈明仁部打得抬不起头来。柳州之敌独木难支，只能勉为其难，这样的情况怎么能够抵抗住陈明仁的虎狼之师，只用一个小时的时间，柳州守军就全部投降。

短时间休整之后，陈明仁部乘胜追击，急攻桂林。虽然陈明仁部没有大型武器，但是陈明仁借着轻武器的优势采取循环攻击战术消耗敌军，桂林敌军疲于应战，经过三个小时的战斗，桂林之战告捷。

日本投降签字仪式（1945 年 9 月 2 日）

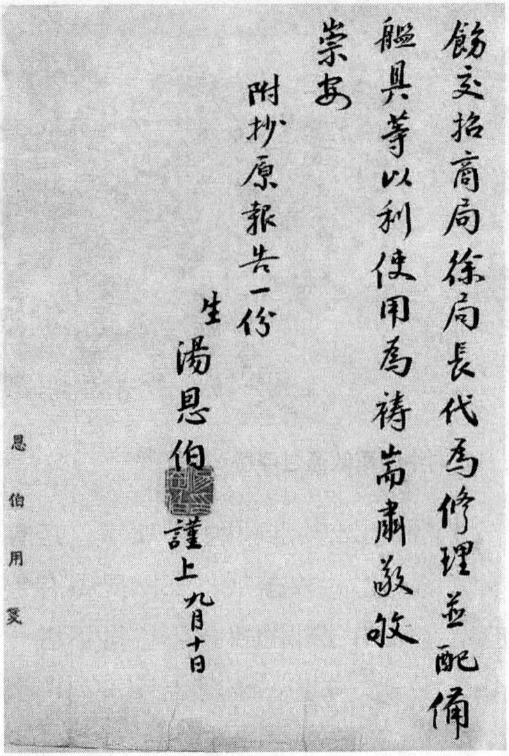
飭交招商局徐局長代為修理並配備
船具等以利使用為禱耑肅敬叩
崇安
附抄原報告一份
生 湯恩伯 謹上 九月十日
恩伯用箋

汤恩伯手迹

桂林之战告捷之后，陈明仁部仍然没有得到汤恩伯的武器补充。陈明仁非常生气，可是他没有丝毫办法。

第 4 方面军开始向最后的日军发起总攻，日军最后的日子已经到来。1945 年 7 月 26 日，美、英、中三国共同发表《波茨坦公告》，强烈敦促日本无条件投降，否则将予日本以“最后之打击”，在华日军惶惶不可终日。1945 年 8 月 15 日正午，日本裕仁天皇通过广播发表《终战诏书》，宣布无条件投降，这标志着国民党的正面抗战取得了最后的胜利。

日军投降，陈明仁就地接受日军投降，广泛收取物资，以加强部队补充。美国这时候迟到的 200 辆汽车和部分重型武器刚好由陈明仁接管，陈明仁一不做二不休，直接装备了自己的部队，回头电告汤恩伯，汤恩伯好不生气，却拿陈明仁没有办法，只得打电话给军政部的陈诚，陈诚除了生气也没有什么办法要陈明仁交出物资来，毕竟，事前的补充一直没有到位，他也不好明说，但是对陈明仁的不满更甚。

第七章
往事不堪回首

第一节 前途未卜

抗日战争胜利后，1945 年 10 月国共两党签订了《双十协定》，会议召开前，两党公开表示在谈判期间实行停火，但实际上国民党在谈判过程中没有履行协定，在谈判的过程中就开始对革命根据地采取了军事行动。

在《双十协定》中，共产党坚持抗日根据地拥有独立主权，但同意交出分布在海南、湖北、浙江、河南一带共 13 个抗日根据地，由国民党接收，并为两党间意识形态的结合，提出“新民主主义”的构想，以淡化两党的意识形态对立。国民党则顽固地坚

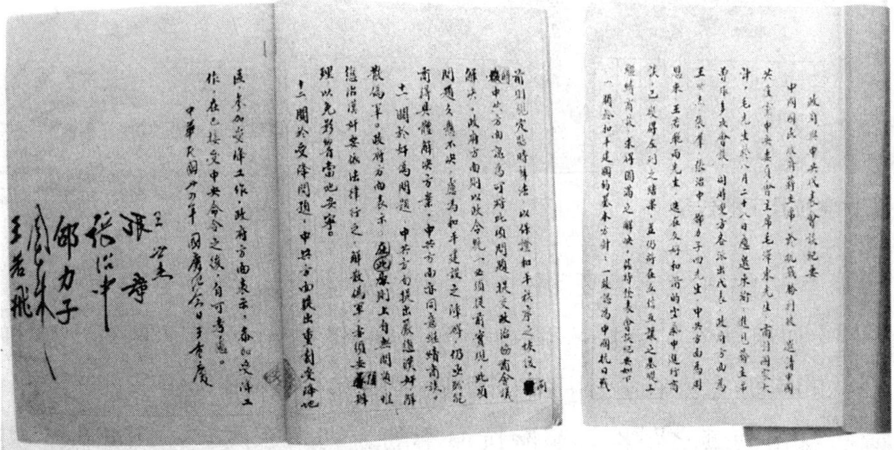

国共重庆谈判签订的《双十协定》

持，除了 1937 年抗日战争爆发前即为共产党所占有的延安革命根据地保持不变之外，其他地区一律收回，并要求将人民解放军纳入由国民政府领导下的国民革命军统一领导。最终，国共双方不能够在所有方面都达成一致。

可是，《双十协定》墨迹未干，蠢蠢欲动的蒋介石对解放区就开始发动咄咄逼人的大规模攻击。美国半公开支持蒋介石，为蒋介石运输兵力，提供弹药，技术支持。第七舰队公开表示协助蒋介石国民党军，为国民党军先进攻东北提供一切可能的条件。1945 年底，在美军的空中支援下，陈明仁的第 71 军奉命开往东北。陈明仁对美军的一贯做法并不认可，比如美军提供的美式武器装备，他们对国民党军需要装备的部队一直指手画脚，这个部队可以装备，这个部队不能装备都由美国人说了算。自己的军队怎么能够由别人说了算，陈明仁一直心理不平衡。

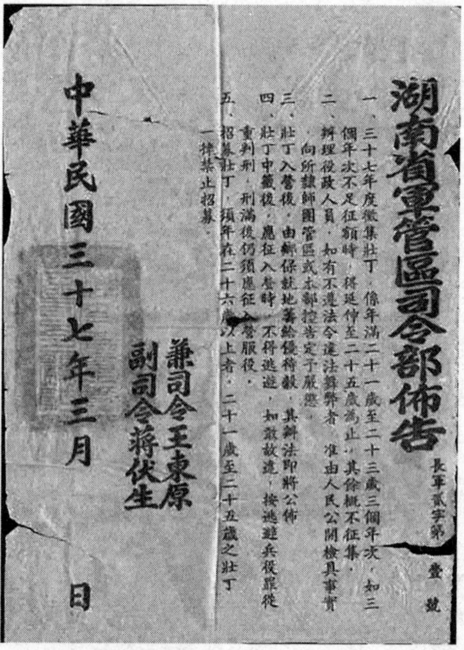
湖南省軍管區司令部佈告 長軍貳字第 壹 號

一、三十七年度徵集壯丁，係年滿二十一歲至二十三歲三個年次，如三個年次不足征額時，得延伸至二十五歲為止，其餘概不征集。

二、辦理役政人員，如有不遵法令違法舞弊者，准由人民公開檢具事實，向所隸師團管區或本部控告定予嚴懲。

三、壯丁入營後，由鄉保就地籌給優待穀，其辦法即將公佈。

四、壯丁中籤後，應征入營時，不得逃避，如敢故違，按逃避兵役罪從重判刑，刑滿後仍須應征入營服役。

五、招募壯丁，須年在二十六歲以上者，二十一歲至二十五歲之壯丁一律禁止招募。

兼司令王東原

副司令蔣伏生

中華民國三十七年三月 日

国民党拉壮丁的告示

在此同时，东北解放军空前发展，队伍很快就扩张到了 20 万人。而到东北的国军多达到 7 个多军，4 个保安总队，大战前的紧张气氛越来越浓厚。陈明仁部到达东北以后，不断地被上级部队借调，在管理上非常混乱。

有两件事尤其让陈明仁大为光火。陈明仁部到达东北以后，第 88 师被新 8 军廖耀湘借调指挥。第 88 师师长胡家骥对于这种混乱的借调本就有些不满，等到廖耀湘命令第 88 师经太子河向牛心台攻击前进之时，胡家骥抗命不前。别人家的孩子不心疼，实际情况是廖耀湘以第 88 师为前锋，毕竟不是自己的嫡系。第 88

师照令前进的时候遭到了解放军的强烈反击，部队寸步难移，并不完全是抗命不前。既然不是自己的嫡系部队，廖耀湘也丝毫不心疼，直接把战况上报杜聿明。杜聿明一听，非常生气，不分清红皂白直接就革了胡家骥师长之职，派遣自己的妻侄女婿韩增栋为师长。此事没有征求过陈明仁丝毫意见。毕竟是借调来的部队，却没有征得原军长的意见，由此能看出来丝毫没有把陈明仁放在眼里，陈明仁非常生气，说："好个韩增栋，我就要看看你到底有怎样的能耐？"

另外一件事，又发生在第71军的第87师。当时陈明仁在沈阳，没有随部队到达前线铁岭。第87师由梁华盛指挥，梁华盛是蒋介石黄埔系"十三太保"之一，眼珠子一惯是目中无人的。当第87师进军四平时，要经过一个叫大洼地的地方。这个地方早就是解放军的领地，当地人民非常配合解放军。梁华盛大意轻心，没有仔细调查，只是稍加了解当地情况后，就草率地命令第87师长驱直入。大洼地解放军一个个乔装打扮成当地老百姓的模样，等到第87师一进入埋伏圈，就里应外合，枪弹齐发，杀了个措手不及，第87师被杀得狼狈不堪，师长黄炎落荒而逃，一个团的兵力全部被歼。陈明仁得知消息，心痛不已。因为一时身不在军中，竟然发生了这么两件大事，陈明仁对这种作法产生了嫌恶，但是他不动声色立马从沈阳赶到四平。

中国远征军部分长官合影

从左到右分别为：潘格昆（新一军三十师师长）、孙立人、梁华盛（东北保安副司令长官）、廖耀湘。

从1946年6月开始，蒋介石与国民党已经开始发动全面内战。这时候的东北民主联军就已经开始壮大军事力量。东北民主联军利用国民党军战线延长、兵力分散、不能开展大举进攻的时机，在东北地区进行了土地改革，整编部队。东北革命根据地进一步牢固，部队已经逐渐壮大起来。

10月下旬至11月初，东北民主联军和国民党军在新开岭展开战斗，全歼国民党军1个师。紧接着"三下江南，四保临江"作战，重创国民党有生力量，迫使国民党转为防御，到1947年4月，东北民主联军的总兵力高达46万人，东北已经是解放军的天下。

1947年5月中旬，东北民主联军开始发动战略性的反攻，率先在长春至沈阳段与沈阳至吉林段铁路两侧这个号称"东北金肋"地方发动了夏季攻势，四平之战就在这样的背景下开始了。

四平城位于东北中部平原，是一座拥有十几万人口的现代化中等城市。是中长、四洮、四梅三条铁路的交点，同时是通向东西南北满的咽喉要地，由于交通关键，也就自然而然地成为了军事战略要地。历史上，四平的发展速度很快，在日俄战争前，四平只有7000余人，只是一个小镇而已。俄国人到了四平以后，开为商埠，扩大贸易，市区向东扩了四五公里。还在四平修建了铁路，铁路畅通后，洮南、洮安一带的皮毛与辽河一带的谷物，得到了交流的机会，同时各种贸易广泛开展，商业开始逐渐发达，人口增至3万。日俄交战后，俄军败北，退出四平，日本人占领四平后，再一次扩大贸易交往，商业更为繁荣发达，人口由3万增至6万。"九·一八"事变后，

昔日繁华的四平城

四平人口增至11万。四平的城区范围再一次扩大，国共血战之前夕，四平南至北长达4.5公里，东至西长达4公里的面积，城区总共面积约近20平方公里。特别有意思的是，四平城区的划分靠一条铁道贯通全城，把城区分为道东和道西两部分。

东北民主联军对四平极为重视，认为四平如果被国民党轻易拿下，负面的影响是相当强大的。为此，东北民主联军在吉林精心准备，研究打好四平保卫战，做好一切前期准备，城外部队从四面八方汇聚。城内则加紧构筑工事，囤积物资，调兵遣将，作战前总动员。为做好这一保卫战的准备工作，林彪成立了四平临时卫戍司令部和城防指挥部，保1旅旅长马兴仁任司令、总指挥；左叶、杨尚儒、邓忠仁为副司令、副总指挥，刘瑞森任政委。作战前夕，林彪亲自检查战前准备情况，事无巨细，一一过目。

邓华在调试高射机枪

1946年4月18日，四平之战再次打响。国民党军担任主攻的部队是新1军和第71军——国军嫡系，号称“王牌中的王牌”。战场总指挥郑洞国。解放军迎战的是一纵和邓华部。战斗在四平城外率先打响。

林彪的初衷并不是趋向四平保卫战，他发电报给毛泽东：蒋介石继续增兵东北，我军固守四平和夺取长春的可能性和实现东北和平的可能性不大，我军方针似应以积极消灭敌人为主，而不应保卫城市，以免力量损失，使我军的战斗力量削弱，从而达不到战略目的。

毛泽东思考了很久，在战斗进行了九天之后回电林彪：一、四平守军甚为英勇，希望传令奖励。二、请考虑增加一部份守军

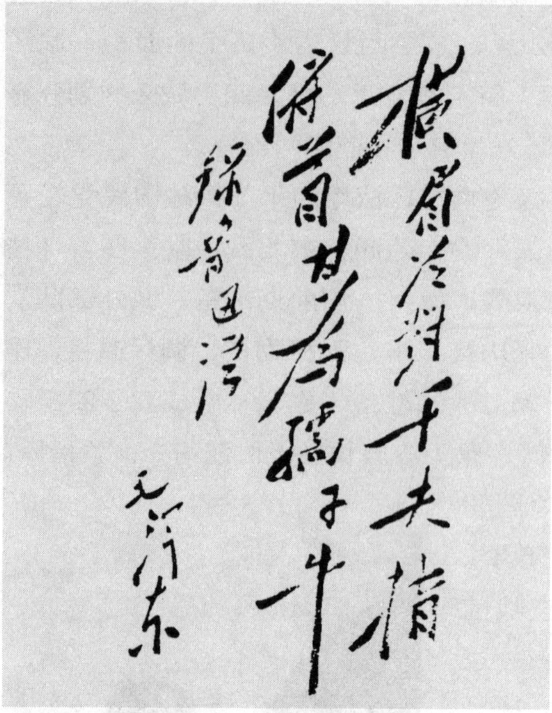

毛泽东书法作品

前线指挥作战

东北野战军司令员林彪、政委罗荣桓、参谋长刘亚楼在锦州前线指挥作战。

（一至二个团）支援四平，要化四平为马德里，留下一笔历史的重彩。（西班牙首都马德里的保卫战乃二次世界大战中持续时间最长最惨烈的城市保卫战之一）接到这封电报，林彪下定决心固守四平。

国民党军一开战就用猛烈的炮火发动急袭。同时，约十余架飞机也参与空袭。一时之间，林彪部工事损失不小。等到国民党军步兵开始突击冲锋时，却没有捡到丝毫便宜，每一个据点都遭到东北民主联军的顽强抵抗，双方伤亡都很严重。开战三天三夜，双方阵地状况没有变化。

眼看攻城受阻，国民党军第 91 师和第 87 师便向北迂回，想进攻四平侧后，没想到遭到东北民主联军第 1、第 2 师的顽强抵抗。双方时有肉搏，场面惊心动魄。国军第91师在向第1师的海青窝棚和孤榆树两个阵地进攻时，竟以两个团的兵力反复冲击达十次之多。在进攻的过程中国军师长赵琳被击毙，但是，第91师战斗非常顽强，连续作战，敢于以硬碰硬，可最终未能取胜。双方伤亡惨重。四平保卫战共军初战告捷。

一计不成再生一计，国民党军采取打日本的挖壕迫近作业，但是，解放军同时也挖战壕，导致国民党军的挖壕战术徒劳无功。四平成了国民党军只能远远地看着，却不能进入的鬼城，双方阵亡士兵横陈郊野，惨象不堪目睹。

然而，进攻四平的国民党军毕竟是国军中的王牌，虽然战场上遭遇了重大的挫折，却斗志不减，每天连续作战，反复争夺小阵地、小据点。双方的伤亡急剧攀升。可是，共产党这一方面，胜利的捷报一个又一个传到指挥部，大快人心，大家都相信，在林彪的领导下，国军很难打进四平。虽然交战以来东北民主联军损失惨重，但这不妨碍人们对胜利的信心。（不过，有历史资料显示，黄克诚的三个师七个旅，四平撤退时只剩下3000人。陈毅的三个师，原1.3万人，四平之战结束时只剩四五千人；第1师梁兴初部，剩5000人；邓华保一旅几乎全部阵亡。）三天后，国军新6军前来支援，新6军和第52军用了四天攻占了本溪，从本溪左翼朝四平杀来，来势凶猛。林彪速调四个团的兵力在火石岭子地区布置了两个口袋阵，但是他错误估计了国民党的战斗力，四个团的兵力的确太少。新6军是国民党主力的第二张王牌，多次参加过抗战中的重大战役，有最齐全最先进的美式装备。值得一提的是，新6军战士竟然全部要求高中毕业，这在当时是非常少有的，文化素质

廖耀湘

在当时国共两军的所有部队中是最高的，是一支靠脑袋打仗的部队。指挥官是廖耀湘，也是国民党内部有口皆碑的能征善战的“虎将”。

1946 年 5 月 14 日上午九时，新 6 军第 22 师所属的第 65 团成战斗队形向前推进。到达火石岭子地区的山口时，部队做好了一级战斗准备，到达威远门时，第 65 团的前卫部队训练有素，立即成散兵战线，发动第一次试探性的冲锋。试探性冲锋结束后，第 65 团团长李定一命令全团的炮口抬起高度，精确打击威远门东南两面的几个高地。他打算率先夺取这几个高地，移火炮于其上，再进行二次炮击。一轮炮火刚停，端着汤姆冲锋枪的国军士兵就登上了山头，冲锋枪密集地扫射着，虽然东北民主联军的武器装备不如国民党，但是解放军英勇顽强，不甘示弱，和国民党军展开寸土寸地的殊死争夺。但是，国军的炮火太猛烈，东北民主联军一个一个的小阵地被丢失，再组织抢夺，再丢失，等到傍晚，国军占领了四平城外的所有阵地。

廖耀湘曾经作过潜心的研究：仅有炮火优势，并不能保证攻击成功。如果抓住机遇开始冲锋，步兵在三分钟至五分钟内冲入对方阵地，取得胜算就大很多，所以，他命令新 6 军，炮火攻击要短、密、猛，士兵冲锋要在三分钟内冲入阵地。威远门，第 65 团的炮火攻击取得了初步效果。下午四时，东北民主联军被迫全线撤退。第 65 团大败林彪第 3 纵，这是国民党一次有效的炮火打击、步兵协同作战取得胜利的

解放军雪中作战

代表性战例。5 月 18 日，国民党军攻下了四平要点——塔子山。林彪作出放弃四平的决定，国军占领了四平。双方交战 32 天，都伤亡惨重：其中国民党军阵亡万人，新 6 军阵亡八千。

第二节　四平铸恨终身

1947 年夏，林彪指挥东北民主联军向国民党军发动了强劲的夏季攻势。经过两个阶段的猛烈攻击，所向披靡，克城数十座，歼灭国民党军近 4 个师 6 万多人。在结束攻势前的最后一战中，林彪将目标锁定为四平城。

对于林彪来说，卷土重来，发誓要一雪前耻。不过，这次四平之役的角色发生了惊天的逆转，林彪指挥东北民主联军反守为攻，全力出击。为力克四平，林彪集中了民主联军全部精锐，其中有 1 纵队、辽吉纵队（7 纵）、6 纵队第 17 师附加东总直属炮兵 5 个营，共计 7 个师计 7 万多人的兵力，一纵司令李天佑任总指挥。林彪则亲自指挥 6 个纵队加 7 个独立师共 17 个师的兵力进行阻援作战。

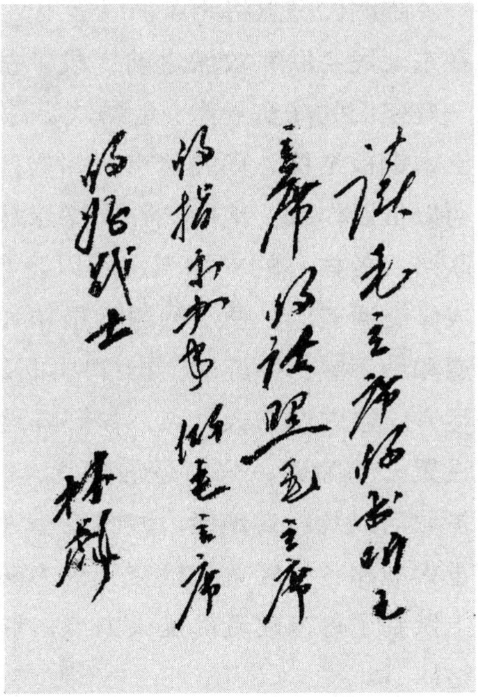
林彪手迹

战前，林彪估计四平守敌只有陈明仁第 71 军不到 2 万人，所以，林彪片面地以为此战必定胜券在握。事实上，四平守军除了第 71 军的 2 个师，还有第 13 军第 54 师，共有 3 个国民党正规师，5 个保安团以及公主岭

东北民主联军

保安大队。另外，战斗开始前，陈明仁动员城内地方政府官员、警察、铁路警、兵站、医院、车站的公职人员，加上逃进城内的外地保安队、还乡团全部编入部队，作战人数达到了3.5万人之多，远远超出了解放军的估算。

临战之前，陈明仁也作了细致的准备，他独自视察了四平全城的地形。偶尔发现，全城的沙俄时代的哥特式建筑和日本人的东洋建筑竟然符合现代战争的防御要求。

陈明仁马上将此点加以运用，下令部队日夜不停地抢修工事，在东北民主联军攻城之前完成了布防。四平全城在短时间内成为一座坚固的防御堡垒：鱼鳞式纵深集团地堡群质地是钢筋水泥和土木钢板结构，环绕着市区四周，同时，还遍布市内四处，随时可以借以作战。地堡核心支撑点是各部队的驻地大楼。为了便于联络，各核心的支撑点之间以及各地堡群之间，相互打通墙壁，或修交通盖沟，便于输送兵员和弹药。重要的核心阵地，则筑地道和地下室、弹药库、指挥所以及发电照明设备，地下指挥应有尽有。楼内遍布火力点。核心阵地前又有卫星阵地，卫星阵地前设置七道障碍。分别是陷脚坑、绊脚架、铁丝网、鹿砦、土围、护城河以及散兵地堡。城内五个守备区依高低层次不同，配备了重火炮和各种轻重机枪交叉火力网，互相呼应、支撑。全城基本上做到了每幢建筑都是火力点，形成了一个立体式多层次的防御整体。

陈明仁又考虑到战斗中可能被突破分割，各火力点前做到既

填海补天（陈明仁）

要障碍重重，又要扫清射界。各连队步步为营，层层设防，即便某处被对手突破，各支撑点都可以各自为战，单独作战。陈明仁的这套布防体系是从日本军队那里学来的。在当年的滇西反攻中，攻下了松山和龙陵，陈明仁曾亲自踏勘日军工事，颇受震撼，日军工事的诡谲和实用的完善结合使他终生难忘。此次四平之战，陈明仁正是借用了日军的点面结合的防御战术来对付东北民主联军。

6 月 14 日夜，一个安静的夜晚，晚上八点整，夏夜的安静突然被打破了。东北民主联军对四平发起了猛攻。几百门大炮同时怒吼，密密麻麻的炮弹如暴雨般地飞向四平城。炮阵是由缴获的美式榴弹炮、日式山炮和野炮组成。四平的陈明仁部防线一时地动山摇，火光冲天，城墙被炸出一块块缺口，阵地前准备进攻的所有的东北民主联军战士耳朵震耳欲聋。如此猛烈的炮火攻势，在共产党军队攻城的历史上，这还是第一次。由此可见，林彪拿下四平的决心之大，几乎是志在必得，探囊取物。

炮火足足轰炸了 17 分钟之久，炮声一停，东北民主联军的步兵从道西的西南和西北两个方向向城区发起了进攻。先头突击部队的进攻队形成“三三制”，每个步兵班编成三个战斗组，每组三四个人，列成三角队形冲锋。当突击队冲到城墙前，火舌从破落的射击孔里仍然吐出，前进的士兵们纷纷倒下。于是，爆破组决定用大炸药包开路，但爆破手一冲上前去，纷纷被枪弹射杀。往往付出了很大的代价，才会有一个地堡被炸毁。靠近城墙的街道上堆满了尸体。进城后，突击部队又被国民党军城内的火力包围。而突破口立即被国军用坦克当作活动堡垒，将攻击的战士包围。城中大街小巷布满了沙袋、工事，楼台窗口到处是喷射的火舌……双方开始逐街逐屋地争夺，近身肉搏，手榴弹冰雹样乱飞，炮弹像礼花一样在人的头上爆炸……解放军用大炮轰，用炸药炸，将国军的坦克炸烂，继续扩大城墙的突破口，大部队冲进四平城，此时刚好三个小时。接着，血腥的城市巷战全面展开了。

林彪强调用炮，他认为猛烈的炮火不但能够给敌手以心理上的大震撼，而且能高效地摧毁敌人的防御工事，在战前就运调相当数量的炮兵部队来到四平。由于害怕大炮太少，连炮纵的12门高射炮都被调往四平。当密集的炮火像雨点一样飞向四平的目标区时，天摇地动，目标区被冲天的尘埃漫天淹没。当炮火停歇，尘埃散开，目标区完全变了样——高楼被炸，房屋变形。炮口转移，又瞄向下一个攻击目标区……东北民主联军踏着炮火的声音前进，炮弹落在哪里，士兵冲向哪里，他们紧追着炮弹，冲向国军部队。

东北民主联军押解被俘的国军士兵

陈明仁曾经感叹：“解放军方面炮火很猛烈，我在八年抗战之中，都不曾遇到这种局面。但是，炮火射击是分散的，而不是集中在突破点，对于我们危害不大，我的阵地也不曾受到严重的影响。”通过这句话我们知道，陈明仁对自己的四平防范措施还是充满着信心。四平城内留下很多日式红砖楼，这些楼全是红砖砌成。这种用东北黑土烧成的红砖非常坚硬，普通的炮弹只能炸开些小坑和小麻点，所以他对据楼防守充满信心。他利用这些楼，设置了很多火力点，这些楼上的火力点，视野开阔，射界通达，杀伤力强。解放军强夺这些红楼时，扛着炸药包的爆破员和突击队员大批大批地倒在楼前，死伤惨重。

因为楼层坚固，炸药包的效果就打了折扣，往往一个炸药包根本就发挥不出多少杀伤力，只得反复爆破。即使爆破成功，从爆破的缺口冲进去的战士又要和楼内的敌人展开近距离枪战和肉搏。所以，每攻克一座楼，都得付出沉重的伤亡代价。而四平城，这样的楼一座接一座，几乎每座楼都成了停尸房、太平间，场面十分血腥、惨烈。东北地区夏日的白天特别长，从早上四点到晚上八点天都是白天，这无形就增加了战斗时间。地面上，两军拼死搏杀。天空中，国民党的飞机疯狂地轰炸解放军的占领阵地，每天多达十几架次，至使解放军后续部队开进缓慢。国军的飞机还空投了大量的作战物资给四平国军作后勤保障，四平国军顽强抵抗在补给上有恃无恐。

陈明仁部死死坚守着四平的每一条大街、每一条小巷、每一面墙、每一栋楼房，甚至是每一堵废墟。解放军艰难地一寸一寸向前推进，往往一支攻击部队冲上去半天就伤亡过半，只好轮换作战。战斗4天后，林彪不得不补充兵力，动用作为总预备队的6纵第17师来参战。人越来越多，混战越来越激烈，双方近距离枪战，刀劈枪刺，甚至用拳头牙齿肉搏。

坚决保卫四平

到了夜晚，四平城上空到处都是照明弹、燃烧弹。有的民房和建筑物被炮弹打着，燃起熊熊烈火，满城火光，如同白昼。四平城的大街小巷，到处是残肢断臂，血肉模糊，尸体横七竖八，血流成河。

苦战了七天后，解放军付出重大代价，艰难地攻占了四平道西地区，道东攻击战由此开始。然而，一纵和七纵的攻击部队因为伤亡太大，基本上丧失了战斗力，无力再扩大战果。林彪再次调用了担任阻援任务的六纵参战。此时，陈明仁部也是伤亡惨重，第71军伤亡过半，陈明仁的胞弟陈明信被俘。陈明仁在西区的军部大楼已经被解放军占领，只得退守路东地区，他躲进了事先修好的地下室，以死据守。可是，在这个关键的时刻，林彪判断失误：他没有将全部兵力发起总攻，而是一个师一个师地投入战斗。陈明仁仍然据地死守，很快，解放军的兵力就因伤亡过大显得捉襟见肘，从而成了添油战，以至于出现了拉上一个师就损失一个师的恶性局面。

道东的核心阵地是一座水塔，解放军估计至低，仅仅以一个团的兵力发起猛攻。塔上的国军守军是第71军远征缅甸的老兵，作战经验非常丰富，枪法极准，善于抓住战机。解放军一发起冲锋，迎面就是强烈的枪弹，连攻四次均告失败。塔下四周，到处都是死伤的解放军战士。最后，解放军采取用十几挺机枪对抗锁塔上的枪眼，阻止敌人射击的办法，然后爆破手上去进行爆破，才将整个水塔拿下。突击铁路天桥时，天桥上面悬吊着两只大麻袋，当时攻击的解放军没有在意。当部队冲上天桥，两个麻袋突然散开大口，黄澄澄的黄豆倾泻而下，一下子撒满了街面。解放军战士猝不及防，很多人滑到，武器摔出老远。因为路滑，一爬起来又摔倒，根本站不起来。前面国军的机枪在扫射，解放军站不起来，又无法撤退，一时间死伤无数。这一招怪招正是陈明仁从国民党第十九路军在上海抗战时学来的。在当时第十九路军也是撒豆成兵对付日寇，然后冲锋上去用大刀片砍掉日本鬼子的脑袋，杀得鬼子心惊胆战，这一招没想到也用在了这里，用在了同胞身上。

这场战斗太血腥，太残酷。直到6月26日，道东区被解放军占领了四分之一。解放军的胜利迫在眉睫，双方消耗很大，是时候应该结束这场战斗了。但是，风云突变，战场的形势也瞬息万变，蒋介石一声令下，调动杜聿明4个军9个师的兵力，分南北两路向四平增援。因为来势凶猛，解放军前后受敌，国军进军很快，毕竟是背后作战，林彪不得不回头分兵进行阻击，战役重心转向左右打援，攻击四平的势头速减。林彪马上变更战法，准备分割国军援军，无奈国军人数众多，此一战术未能奏效。29日，救援国军第93军和新6军进抵四平近郊，解放军攻城部队面临腹背受敌的险境。在这个特殊的情况下，6月30日，林彪只好下令部队全部撤离，这场四平之战终于就此结束。

国民党第十九路军敢死队

四平之战后陈明仁为士兵配挂勋章

陈明仁终于死里逃生，这场战斗国军守城成功。交战双方都损失惨重，国军伤亡1.6万余人，解放军伤亡数字接近4万。

第三节 再遭贬谪

1947年7月，战后的四平街，战火连天，硝烟弥漫，放眼望去皆是断壁残垣，到处都是死难的尸首、猩红的血痕，一片“万户萧疏鬼唱歌”的景象，陈明仁死里逃生，从满目疮痍的战壕里爬出来的时候，人已经消瘦得变了形，憔悴得形如奄奄一息的乞丐。陈明仁以2万余名官兵与林彪指挥的十几万东北解放军在四平抗衡了四十多天，巷战十九个昼夜，而始终坚守城池，此时的他已经成了国民党全体官兵的标杆、楷模，是一个罕见的传奇、一个打不败的神话，被蒋介石授予青天白日勋章一枚，官升第7兵团司令官。一时间，国民党的报纸消息满天飞，大力吹嘘国军坚守四十天打退解放军的“辉煌”成绩。

陈明仁也有些沾沾自喜，驰骋疆场多年可谓身经百战，他带

玄武湖风光

的部队几乎没有吃过败仗，心下自然快慰。四平解围之后，蒋介石又发出召电，请陈明仁携夫人谢芳如到南京晋见，与蒋介石、宋美龄夫妇同游中山陵、玄武湖等金陵胜地，陈明仁一时可谓衣锦荣归，荣耀至极。

俗话说，乐极生悲，甜中生苦，正是这样的好时光好时节，没想到陈明仁却因福得祸。一天，陈诚陪同美国顾问视察四平。由于美国又新支援了一批物资和武器装备，美国顾问对物资的去向非常重视。蒋介石将物资作为奖励率先装备了陈明仁部，第7兵团经历战斗损失以后得到补充，一下子兵壮马足。为此，美国顾问特地来四平视察，大到武器装备、坦克大炮，小到粮食面粉，一丝细微的地方都不放过。偶然，在检查士兵的武器装备以后，无意中看见有写着“美援”两字的面粉被士兵堆积起来作为防御工事。美国顾问非常生气，大声责斥随同视察的陈诚，要求严惩肇事者。陈诚此时刚刚上任东北行辕主任，本来就与陈明仁有隙，再加上自己指挥鲁南会战失败在先、中原战场失利在后，更是对陈明仁此时的风光大为光火，此时立即信誓旦旦地向美军顾问保证严加处理。这时候辽北省主席刘翰生也趁机冒出头来，向陈明仁发难。

四平之战中，刘翰生贪生怕死，胆小如鼠，战役刚一打响就化装成老百姓，带着姘头意欲逃出四平，全然不顾行政长官不战而逃将如何扰乱军心的后果。但是，陈明仁打坏了他的如意算盘，不仅派人及时将他阻拦下来，还加派专人看管以稳固军心，害得刘翰生差点就命丧四

中正勋章

平。

因此，刘翰生也对陈明仁恨之入骨，却又无可奈何，此番趁机大进谗言，说陈明仁在四平作战期间倒卖军品，借机发国难财，“纵兵抢粮，祸国殃民”。陈诚此番收获“情报”，大喜过望，更是不加调查核实，便趁机直接电告了蒋介石，请求将陈明仁撤职查办。蒋介石允许属下打胜仗，但是不允许得罪美国人，况且向来将陈诚视为心腹之臣，不问青红皂白便听信了陈诚的一面之词，一纸降职令将陈明仁从四平调至南京，除去陈明仁第 7 军团司令官的职务，调任南京总统府任中将参军。

陈明仁离开四平的时候东北的国民党军一片哗然，毕竟，在东北的战场上陈明仁已经成了国军的一面旗帜，可是，因为这么一件小事却被解除了军职，真的让人匪夷所思。大家议论纷纷，认为陈明仁前脚刚胸前挂勋章，后脚就接到了撤职令，实在是令人啼笑皆非。更有一部分人物伤其类，认为陈明仁一贯战功显赫、对蒋氏忠心耿耿却功臣遭嫉，而陈诚屡战屡败反被重任，实在是令人心寒。与陈明仁关系亲密的那些高级将领更加忿忿不平，表示以后决不再在东北流一滴血，陈明仁的老部下程杰本来就是湖南人的火爆脾气，这次更是忍无可忍、破口大骂起来。

陈诚

外人的感受都如此强烈，更遑论当事人自己的心态如何了。陈明仁虽然满腔愤怒和失望，但是也只能无奈地挥别了自己一手带出来的第 71 军，前往南京。到了南京以后，陈明仁心灰意懒，根本不问军务，甚至一不做二不休，常常连军装都不穿了，只着一身中式长袍，每日看书写字，闲云野鹤一般，以表示自己不再是军人的心志。若有人在总统府遇到陈明仁问他为何如此，陈明仁自我解嘲说：手中无兵，心中有字，人生潇洒。

其实，有谁能够理解陈明仁此时内心真正的感受呢。自从踏入黄埔那一天，他就为了中国的民主事业而努力，献身军旅多年，他始终信守一个军人的职责和义务，无论是北伐还是抗日，他都圆满完成了任务，取得了漂亮的战果。这次战争，虽然他很不愿意中国人自相残杀，但是各为其主，他也只能选择服从命令。但是，多年来出生入死，披肝沥血，却屡屡遭嫉，恐怕跟他耿直倔强、不懂周旋的性格大有关系。巨鹿那一战大败石友三，回来却因为战前为战法直叱上司而遭师长陈继承告状“不听调遣，难负重任”，随后又因同样的原因被蒋鼎文挟私报复，偏听偏信的蒋介石一纸调令将陈明仁召回庐山参加军官训练团；即使降职就任了第2师参谋长，陈明仁依然积怨难消，蒋鼎文不断地揪他的“小辫子”，向蒋介石进谗言，一次围剿红军失利后，更是直接剥夺了陈明仁带兵的权力，陈明仁再次被迫回到陆军大学受训，这无异打入冷宫；滇缅抗战之后，陈明仁又因为武器装备携带问题和汤恩伯起了冲突，导致第71军武器装备和后勤给养得不到及时的补充，激愤之下陈明仁在日本投降后自行接收了美军装备，令军政部长陈诚大为光火，从此处处为难。对此，陈明仁始终照单全收，可以说打落牙齿和血吞，直到因为着装事件遭受无妄之灾，他忍无可忍，与蒋介石发生了最为激烈的一次冲突。

那是在1940年冬，陈明仁率领预2师在桂南会战中表现突出，又从周成虎手中顺利接管了川南防务，1942年冬又奉命

民国时期天安门上的蒋介石画像

移师昆明，驻防备战。无论在桂南还是春城，陈明仁都在驻地大力整治治安，严惩恶霸，禁烟禁赌，并且对部队要求严格，纪律严明，对老百姓是秋毫无犯，由此陈明仁部民心所向，陈明仁也深得蒋介石青睐，蒋介石直夸陈明仁“智勇双全’，“真乃名将”，他所带的预2师也被作为“入滇之表率”大肆宣扬。有一次，蒋介石在龙云、卢汉、宋希濂的陪同下到昆明视察，当他们一行来到西山风景区时，看到一批士兵在修筑工事，身穿破烂肮脏的军装，一身灰头土脸的，极类乞丐。蒋介石见状就皱起了眉毛，脸色阴郁地走向工地，士兵们立刻停下工作，原地立正，举手向蒋介石敬礼。这下士兵身上的破烂军装更加显得刺眼，蒋介石怒从心起，回头问到：“这是谁带的兵?！怎么叫花子一样破破烂烂的，不象话！”宋希濂连忙回答说是陈明仁的部下。蒋介石斥责这样衣着破烂的军队乃是“有损军容，有伤国体”，当下便下令招陈明仁来见。然而，陈明仁当时在远离昆明15公里远的安宁公干，宋希濂并未积极派人去找陈明仁，以至于蒋介石一连四次召见陈明仁都没有回音。蒋介石一怒之下，不分青红皂白便下令撤消了陈

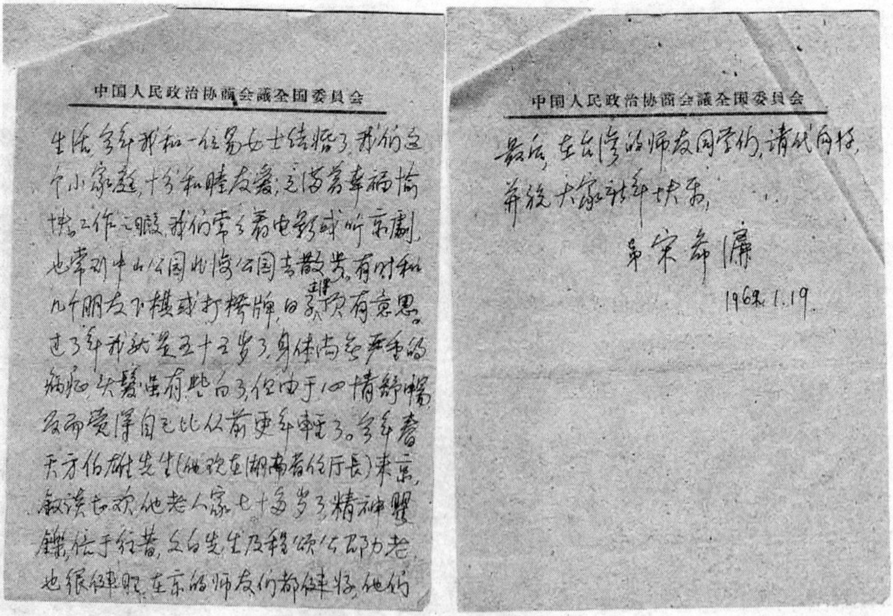

中国人民政治协商会議全国委員会

生活。今年我和一位易女士结婚了，我们这个小家庭，十分和睦友爱，过得着幸福愉快。工作之暇，我们常常看电影或听京剧，也常到中山公园北海公园去散散步，有时和几个朋友下棋或打桥牌，日子过得颇有意思。过了年我就是五十五岁了，身体尚无严重的病症，头发虽有些白了，但由于心情舒畅，反而觉得自己比从前更年轻了。今年春天方伯雄先生(他现在湖南省任厅长)来京，叙谈甚欢，他老人家七十多岁了，精神矍铄，健于行者，立白先生及程颂公都力老，也很健旺，在京的师友们都健好，他们

中国人民政治协商会議全国委員会

最后，在台湾的师友同学们，请代问好，并祝大家新年快乐，

弟宋希濂

1962.1.19.

宋希濂信札手迹

明仁预2师师长职务，改任第71军副军长。宋希濂限陈明仁两日之内办理移交手续，陈明仁就这样不明不白地离开了预2师，这支在他手里由散兵游勇变成能战之师的队伍，经受了远征滇西血与火的考验，随他冲锋陷阵，出生入死，早已与他骨血相连，如今却无端遭到撤职，明升暗降不说，重要的是等于是将自己的孩子被迫交由他人去管，陈明仁满怀悲愤、凄楚。但是，军令如山，陈明仁只能忍痛割爱。

恰逢蒋介石从腊戌回到昆明，再次召见陈明仁。陈明仁未经通报便直捣蒋介石下榻的金碧别墅，意欲跟蒋介石当面理论，要一个说法。当他绷紧了全身的弦准备大闹一场时，蒋介石却是轻描淡写地安慰了他几句："你这个师长没有当好，以后要多勉励。"陈明仁立时便愤懑难当，厉声反问蒋介石自己到底哪里做得不好，论作战、论训练、论军纪，预2师足以傲视全军，你自己也通电全军表彰过，如何短短时间内就出尔反尔？蒋介石无言以对，恼羞成怒，指责陈明仁部士兵衣服没穿好。陈明仁更是据理力争，说如果是发放现金下来而他陈明仁没有让士兵穿好便是他贪污渎职，而现在部队服装是军需部发的，好坏不能由他决定。蒋介石质问为何其他部队穿戴一新？陈明仁又据实相告，说那是宋希濂等人为了迎接你来视察而特意为之，把穿破烂衣服的士兵都关在营房，他陈明仁不愿意弄虚作假，蒙混过关，如今反招怪责，何罪之有？蒋介石理屈词穷，但是决不肯承认是自己失察，尤其在陈明仁强烈的不懂迂回进退的反击之下无法下台，便一迭连声地说："你不行，还是不行，总是你不行。我说你不行，你就是不行……"陈明仁气急之下针尖对麦芒地争辩："我不承认我不行，我认为我什么都行！"就是这样激烈的争论彻底激怒了蒋介石，一口咬定陈明仁"侮辱领袖"，要将其押解到重庆予以法办。陈明仁毫无惧色，怒不可遏地一把将中将领章撕下来狠狠掷到蒋介石面前，大呼："这是什么国家的中将！你高兴怎样便是怎样！我陈明仁这个中将是多年流血牺牲拼出来的，宁可玉碎不为瓦全！我不要这个官了！"蒋介石从没有遇到过这样强烈的反击，也没有想到

蒋介石书法

陈明仁的脾气竟然宁折不弯到这样刚烈的程度，登时脸上无光，暴跳如雷，直说："成何体统，成何体统！"

两人之间剑拔弩张、一触即发的气氛令旁人顿觉事态严重。其他人赶忙上来劝解陈明仁，幸好龙云、关麟征又从旁替陈明仁开脱，向蒋介石晓以大义，好说歹说把这两人拉开。此事最后在宋美龄等多人斡旋下最终平息，蒋介石和陈明仁都平静下来，蒋介石息事宁人，只字不提争吵之事，陈明仁也见好就收，并对蒋介石的"宽大为怀"深表感激，决定继续为校长、为党国效力，收拾行囊，到第71军赴任，和钟彬共事。但是，此后两年，陈明仁在第71军并无作为，有职无权，大部分时间只是挂名而已。由这次风波，既可以看出陈明仁恃才傲物、不怕耿直犯上的脾性，也可以见出蒋介石生性多疑、独断专行的性格。两人之间就留下了永远的裂痕。

钟彬

往事不堪回首，此时的南京已经春暖花开，陈明仁却心情惨淡，冰冷如灰。他回想自己仕途几度沉浮，总是甫一立功便遭贬谪，尚在云端陶醉便下深渊受挫，这样的起起落落令陈明仁看透了国民党官场官官相卫、相互倾轧的黑暗，也尝足了蒋介石翻手为云覆手为雨的阴晴不定，他开始静下心来思考前路究竟在何方。

第四节　猛将赋闲

就在陈明仁赋闲南京的这段时间内，神州大地已经发生了翻天覆地的变化。1947 年 6 月 30 日，刘邓野战军 4 个纵队 13 万人，浩浩荡荡从山东阳谷以东之张秋镇至菏泽以北之临濮集间强渡黄河成功，开始了鲁西南战役，拉开了反攻的序幕。苦战一个月，歼灭国民党正规军 6 万余人。蒋介石号称的“黄河天险”被攻破以后，他迅速从西安、潼关、洛阳、豫北、汉口运调部队，企图合围刘邓大军于黄河边岸。但是刘邓大军早已识破蒋介石的企图，抢在国民党军之前兵分三路跨越了陇海铁路，艰难地跋涉在遍地积水污泥的黄泛区，渡汝河，抢淮河，克服重重国军的阻碍和自然阻碍，彻底打破了国民党军的前堵后追计划，于 8 月 27 日成功挺进了大别山。大别山休整后，刘邓大军再作反攻计划，成了蒋介石的一块新患。刘伯承曾经总结挺进大别山的战略：这一战略行动，恰似一把利剑插进了蒋介石反动统治的心脏。蒋介石的时日越发缩短了。

刘伯承和邓小平在前线指挥作战

8 月 22 日，陈赓部 2 个纵队、1 个军共计 8 万余人，在晋南、豫北交界处的垣曲、济源间及茅津渡以东区段强渡黄河，穿越陇海铁路，挺进豫西，挺进豫陕鄂边地区。9 月上旬，陈粟野战军 8

个纵队共 18 万人，集中优势兵力在鲁西南沙土集全歼国民党军一个整编师，9 月下旬，率领 6 个纵队越过陇海铁路南下，挺进豫皖苏边区。

三路野战军在中原地区短短的一个月作战时间，歼灭了大量地方武装和国民党正规部队，提前完成了战略展开，有力地配合了内线解放军的反攻。中原被搅，蒋介石坐立不安，他已经意识到这三支部队严重地威胁了国民党统治中心南京和重镇武汉。蒋介石担心解放军在中原生根，唯恐解放军再渡江南进或者西进四川。于是，9 月下旬在江西成立了“国防部九江指挥部”，由白崇禧统一掌管豫、皖、赣、湘、鄂 5 省军政大权，负责战斗准备、战斗运作，用所谓的“总力战”同人民解放军争夺中原，率先集中兵力围攻大别山，想趁刘邓大军立足未稳之际妄图一举消灭，或者强行将刘邓大军从大别山驱走。所以，国民党军以 3 个整编师的兵力在淮河以北地区大军压阵箝制陈粟野战军，以 1 个兵团的兵力在豫西箝制住陈赓集团，以 15 个整编师 33 个旅对大别山展开疯狂的进攻。

刘邓大军挺进大别山浮雕

中共中央军委对敌人的进攻已经提高了认识，着重指出大别山根据地的确立与巩固事关重大，是中原解放区能否最后建立与巩固的关键所在，足以影响全国解放战争的发展，要求三路野战军必须相互配合，内外支援，彻底击退国民党军对大别山的围攻，粉碎他们的妄想。接到上级的命令后，刘邓野战军命令 3 个纵队在大别山内线坚持斗争，另外主动率领 3 个纵队分别向桐柏山、大洪山和淮河、沙河之间地区迎击敌人，开辟新的解放区。陈粟野战军和陈赓集团千里奔袭，辗转破击平汉、陇海两铁路，抢占要口，寻机歼敌。国民党军见形势有变，慌忙把进攻大别山地区的部队抽兵回援。解放军经过一个多月极其紧张、艰苦的斗争，胜利粉碎了白崇禧对大别山的围攻，国民党军只好龟缩在铁路沿线一带。

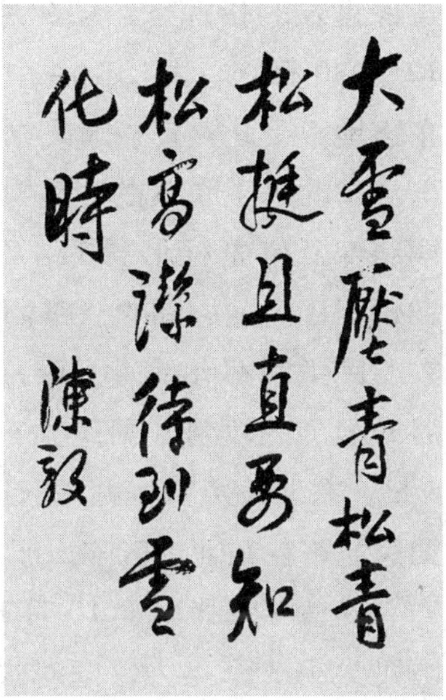

陈毅手迹

在内线作战的人民解放军不断取得胜利，大量歼灭国民党军。1947年8月上旬，西北野战军围攻榆林，迫使胡宗南主力部队北上救援。在敌人救援部队没有做好准备之前，西北野战军乘机撤围榆林，8月18日至20日在沙家店地区大举歼灭从榆林南下的整编第36师6000余人。这场战斗是西北野战军转入战略反攻的第一仗。战斗结束后乘胜追击南撤的胡宗南部，为以后外线作战打下了基础。

华东野战军内线兵团（后称山东兵团），在政委谭震林、司令

中共部分领导人合影

从左到右分别为：粟裕、邓小平、刘伯承、陈毅、谭震林。

员许世友的指挥下，从9月1日开始进行著名的胶东保卫战，到12月30日止，共历时4个月，歼灭国民党军6万余人，收复胶东腹地。至此，宣告国民党军对山东的“重点进攻”完全化为泡影。

东北民主联军在林彪的领导下从9月14日开始发动秋季攻势，南线部队率先对北宁铁路及其两侧地区发起攻击，在短时间内将锦州至山海关之间的铁路彻底破坏，沈阳国民党军急忙增援辽西；东北民主联军北线主力乘机向沈阳以西、以北、以南及吉林外围展开强烈的攻势，国民党军顿时疲于迎战。历时50天，到11月5日，东北民主联军共消灭国民党军6.9万余人，攻占县城15座，国民党军在东北地区陷入了更加被动的地位。

晋察冀野战军于10月11日至22日开始清风店战役，歼灭了国民党第3军主力，同时进行的保北阻击战，歼灭国民党军1.7万余人，成功地扭转了晋察冀地区的敌我战局战况。随后，晋察冀野战军进行石家庄战役，11月12日彻底解放石家庄，石家庄的胜利使晋察冀和晋冀鲁豫两个解放区连成一片。人民解放军在各个战场的胜利表现，形成了全面进攻的总形势，标志着中国人民的革命战争已经进入了一个新的转折点。

毛泽东曾对这段时间有一个评价：“这是一个历史的转折点。这是蒋介石的二十年反革命统治由发展到消灭的转折点。这是一百多年以来帝国主义在中国的统治由发展到消灭的转折点。”

晋察冀野战军独立旅沿铁路北进

陈明仁离开东北以后，东北已经物是人非。

陈诚不满足于参谋总长这个职位上的权益，认为政治“油水”不多，再加上他在关内的几次战役都以失败告终，时局于他不利，于是便想换个地盘

熊式辉

试试运气，东北就成了他的首选。为了保证自己顺利成为“东北王”，他先排除异己，将自己最大的威胁杜聿明和陈明仁使计挤出了东北，于 1947 年 8 月 3 日，正式接替了熊式辉的职务。陈诚一上台就采取了一系列措施巩固自己的势力范围。陈诚先是撤消了东北保安司令长官部，个人独揽东北地区国民党党政军大权，接下来又将东北重要军政岗位的人员进行了大换血，先后撤换了第 52 军军长梁恺以及副军长兼第 2 师师长刘玉章，辽宁省主席徐箴及各保安支队司令，这些位子上陈诚都安插上了自己的心腹亲信。接下来陈诚广泛征军，不到一个月功夫，他在东北的部队人数多达 14 个军，4 个兵团，约 54 万人。陈诚的到来以及他的动作，大大加深了东北地区国民党军内部的矛盾。尤其是第 71 军，大都是陈明仁一手培植起来的将领，陈明仁虽然离任了，但是这些部下仍然对陈明仁忠心不二，纷纷表示决不与陈诚合作。人心向背，一目了然。

陈诚在做完这些准备工作以后，第一仗就选在沈锦线以西地区，杜聿明临走之时，没有扫清沈锦线以西的解放军，陈诚认为这是杜所犯的最大错误，所以他把首发之战选到了这里。9 月 9 日，陈诚命第 49 军和第 43 师，暂 50 师、暂 22 师等部共五个师的兵力，向锦州以西的冀热辽根据地发动进攻。9 月 13 日，解放军方面由程子华、黄克诚率领八纵、九纵和独 1 师等部，避敌锋芒，采取“集中优势兵力各个击破”的战术，在梨树沟门将敌先头部队暂 50 师的两个机械团歼灭。暂 22 师见此情景，不但不出手救援，而是急忙掉头东撤，落荒而逃。民主联军乘胜追击，15 日深夜，解放军八纵第 23 师于杨杖子地区追上逃敌，趁敌人阵脚都没站稳，马上就开始展开战斗。八纵第 22 师、独 1 师也迅速赶至杨杖子，加入了围歼暂 22 师的战斗。东北民主联军多支力量汇合后，总攻于 16 日下午二点开始。是夜，八纵第 24 师在歼灭梨树沟门之敌后，也加入了围歼第 22 师的战斗。暂 22 师被这猛烈的攻势打得哭爹叫娘，屁滚尿流，师长龙泽汇丧魂失魄地向陈诚求援。陈诚当下即命王铁汉亲率第 49 军迅速增援暂 22 师。王铁汉初来东北，求胜心切，一直想对战东北民主联军主力。当第 49 军进至虹螺岘时，已经无法救援，暂 22 师已经被解放军全歼。王铁汉以为找到了解放军主力，一不做二不休，就指挥部队马上向解放军所在地急进，企图与解放军决一死战。部队到达杨杖子地区的时候，第 49 军实际上是中了解放军的“诱敌深入”之计，懵头懵脑地就进入了民主联军的袋形包围阵地。战斗于 21 日上午打响，经过一昼夜白热化的激战，解放军全歼第 49 军军部直属部队、第 79 师、第 105 师师部及所属 4 个团，一共 1.2 万人。王铁汉一蹶不振，带了剩余的 200 余名残兵败将化装逃脱。

黄克诚将军题词

10 月 1 日，东北民主联军一场强大的秋季攻势悄悄拉开帷幕，林彪利用中长路四平至铁岭段敌防守空档的机会，迅速将旗下一、二、三、四、六、七、十纵这七个纵队和大量骑兵、炮兵部队集结起来，确定远距离奔袭包围的战斗方针，对四平至铁岭地段的守敌进行长途而隐秘的大奔袭，力求快速、迅猛地抓住分散守备

罗荣桓、林彪和刘亚楼在东野指挥作战

之敌，各部通力合作，各个击破，以求最大程度地歼灭敌军第53军，同时扩大东北根据地范围，务求一举两得。

9月27日战斗开始，刘亚楼向各部队下达了进攻命令，要求担任包围敌第一线据点的部队于29日下午务必出发，30日拂晓到达距敌40公里外的地方集结，切勿打草惊蛇。10月1日上午，东北民主联军将敌人纳入包围圈；担任包围敌纵深据点任务的部队,1日晚务必各就各位。所有部队必须小心行事，切忌惊动敌人，以求突然进攻，先发制人。

但是，百密难免一疏，部队开始行动后还是出了一点小岔子，三纵第8师过早逼近了敌人，提前暴露了我方的行踪，导致敌人如惊弓之鸟，西丰、孤榆树、莲花街及叶赫站等敌立即撤离；其他各地之敌也连锁反应，提高警觉。

针对这一突发状况，刘亚楼当机立断，建议提前一日发动攻击。10月1日，东北民主联军参战各部迅速行动，各路部队在预定时间内几乎同时与敌军正面接触。韩先楚的三纵率先打响第一枪，以迅雷不及掩耳之势奇袭威远堡门守敌第53军第116师，从当日下午两点开始连续作战19个小时，最终全歼第116师主力。七纵第21师星夜兼程急行军80公里，于1日包围法库守敌，速战速决，两个小时全歼国民党保七支队，俘敌1700人，创造了解放军长途奔袭作战成功的一例经典。七纵主力和辽吉一分区骑兵部队也不甘示弱，在新民东段大规模袭击铁路，在公路上设置路障，截断了国民党新 6 军的交通要道，阻其北返。

开原、铁岭相继告急，陈诚心急如焚，急调四平新 1 军乘汽车速速南下以救开原之急。

10 月 2 日上午十点，林彪突然更改作战计划，出其不意，命令已占领四平的二纵南下，协同一纵作战，在双庙子地区阻击新 1 军；同时命令六纵主力两个师向公主岭进军，另一个师箝制国军新 1 军于郭家店，将敌死死压制；命令独 2 师包围昌图车站守敌，组织佯攻，吸引新 1 军，如果新 1 军试图前来救援，则组织部队在昌图以北将敌阻击，为主力部队歼灭开原之敌创造有利条件。

国民党新一军的美式装备

10 月 3 日，国军新 1 军先头部队新 38 师四个团浩浩荡荡地进抵双庙子地区，即被埋伏在那里的二纵主力击溃，只好慌忙向四平方向回窜。昌图守敌钻了个空子，找到独 2 师包围圈的一个弱点，伙同敌第 195 师一同向开原方向仓皇逃去。

10 月 6 日，刘亚楼命令各部全力围歼开原守敌，开原守敌惶惶不可终日。为阻止新 6 军北返，刘亚楼命令七纵主力和赵、曾骑兵部队通力合作，将北宁线新民段铁路彻底破坏，使敌人无路可逃。但是，这中间有个小插曲，赵、曾骑兵部队完成这项任务的时候出现失误，未能彻底破坏铁路，误报敌军两月内都将难以修复，实际上敌军只花了一天的时间就把被破坏的铁路修复好了，新 6 军主力借助铁路死里逃生，10 月 7 日就返回了铁岭。

这个时候，民主联军不得不暂且停止进攻开原的战斗，敌军一时得以喘息。随后，北线民主联军分兵北上，将吉林、长春外围据点的敌军一律扫平。10月9日，西线东北民主联军开始向北宁线发起总攻，进攻凌厉如剑，迅猛如风，10月22日攻克号称“金城汤池”的朝阳城。国军大败。林彪的秋季攻势从9月14日开始，到11月5日结束，共历时50天。东北民主联军经过浴血奋战，合计歼灭国民党军6.9万人，收复城市15座，再次扩大解放区面积3.84万平方公里，将国民党军孤立于沈阳、长春等24座大中城市里，孤立无援，困兽犹斗。

东北民主联军

从12月15日开始，东北人民解放军开始发动冬季攻势。此时的东北，正是北风肆虐、天寒地冻的时节，环境相当恶劣，但是，这并不影响解放军的斗志。二纵、七纵、十纵第29师得令向沈阳外围进军，出其不意包围法库、彰武等城，同时，以一部兵力进攻锦州、义县地区。一纵、三纵、六纵主力火速急进，分别插入新民、法库、铁岭、沈阳之间，将敌军要地分成三段，准备围城打援，各个击破。十纵主力直抵昌图、开原地区，四纵发挥优势，率先奔袭歼灭辽阳、本溪间分散之敌，尔后进至辽中地区，加入主力部队的作战行动。

法库被围，陈诚心下惶然，急命新6军和新3军火速驰援法库。17日，解放军二纵主力奉命转向法库东南，直插援敌新6军第22师侧翼。当日下午两点，二纵于法库东南之娘娘庙、沙后所一带和敌军遭遇，双方展开激战。二纵第4师“大意失荆州”，新6军负隅顽抗，解放军伤亡900余人，仍不能歼灭敌人。与此同

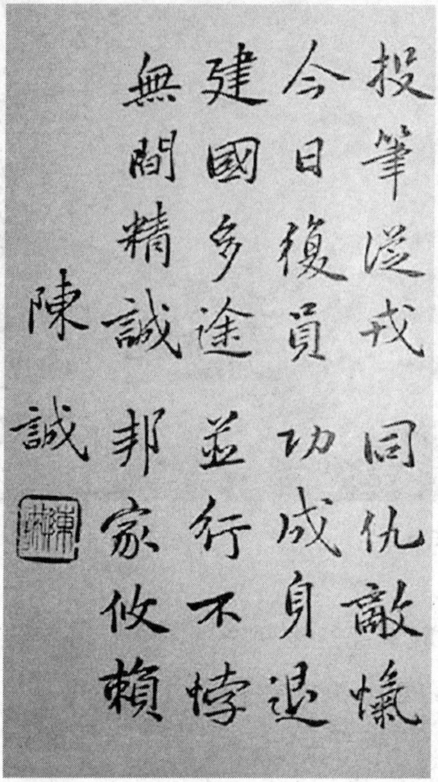

陈诚书法

时，七纵一部在法库以南大孤家子等地取得胜利，歼敌新3军暂59师主力。

此时，陈诚意识到集结于沈阳门户地区的解放军主力将会严重威胁沈阳大本营的安全，情急之下急令新1军、第71军、第53军、新5军等部火速由长春、四平、开原、锦州和辽南等地开往沈阳、铁岭、新民地区，以重兵加强沈阳外围的防御。陈诚为解法库之围调兵遣将，忧心似火，殊不知解放军乃声东击西，以一个师佯攻法库，却集中主力于12月23日突然包围了彰武，将彰武围得水泄不通，28日发起总攻，彰武中空，只花五个小时的时间就围歼彰武守军第49军第79师，共9000余人。

毛泽东指示东北解放军放弃冬季休整，乘胜扩大战果，全力清除沈阳四周外围的小据点。整个冬季，沈阳城四周枪炮声隆隆，战火绵延不断，城内国民党军政要员心惊肉跳得惶惶不可终日。1948年1月1日，为了解除沈阳城的威胁和法库、新立屯之围，陈诚再调集了5个军共15个师的兵力，重新部署，命新3军、新6军主力为右路，从沈阳、铁岭向沈阳西北进击；命第71

林彪在辽沈战役

军、新1军主力为中路；命新5军第195师、第43师为左路，由新民向法库进击，在近沈阳100公里的正面，三路大军，齐头并进，呈扇形向沈阳西北推进，造成大军压阵、浩浩荡荡之势。兵来将挡，水来土掩。刘亚楼向林彪建议，集中优势兵力围歼敌军较弱的左路，林彪亦赞同这一战法。1月2日，国军新5军与解放军六纵交火，六纵佯装不敌，且战且退，新5军不知是计，在六纵的步步引诱下一头扎进了公主屯地区，谁知六纵突然逆转势头，组成一道坚固防线开始反攻，顽强抗击敌军步、炮、空的协同攻势。新5军以猛烈火力进攻了三天，毫无成效，一步也未能前进。此时解放军各纵队纷纷赶来增援六纵，新5军失去了有利时机，军长陈林达连呼不妙，急电陈诚，请求放弃原计划，撤兵退守巨流河。陈诚一时犹豫不决，举棋不定，对于改不改原计划，整整思考了一天，等到他想采纳赵家骧退守辽河方案时为时已晚，新5军早已陷入解放军的天罗地网，无力撤退。陈林达身陷重围，仍率部垂死挣扎，反复向陈诚、廖耀湘、刘安琪等求救。廖耀湘部虽距新立屯不远，却撼于解放军强大的兵力优势而畏缩不前，不敢轻易前去解围。刘安琪率第71军向左翼增援时，遭到解放军的顽强阻击。解放军发动智慧，充分发挥天时地利优势，将雪堆起来夯实浇水，组成一道寒气森森的“冰坝”，将第71军止步于阵地之外。两军对峙到5日14时，二纵、六纵、七纵三支队伍同时对敌发起猛攻，杀声震天，三纵反应很快，迅速切断了敌人后路。到6日傍晚，新5军几乎全军覆没。陈林达带领残余的几千人逃至温家台，怀着最后的幻想，妄图死扛，以等待增援。孰料第二天早晨八点，解放军60门大炮迅速校正射击目标，

吴信泉

八点四十分，吴信泉一声令下，炮弹直奔敌阵。温家台一片火海。新 5 军军长陈林达见大势已去，彻底绝望，无奈之下携余部投降。至此，公主屯战役于 7 日下午大获全胜，东北解放军全歼新 5 军第 195 师、第 43 师，合计 2.02 万人，被俘官兵包括军长陈林达在内共计 1.3 万人。

新 5 军的惨败，令蒋介石“龙颜震怒”。1 月 10 日，蒋介石飞至沈阳调查惨败详情。陈诚起先还想推卸责任，状告部下将领不听调遣，尤其提出第 9 兵团司令廖耀湘和新 6 军军长李涛如何如何。可是，廖、李二人不愿当陈诚的替罪羊，当下便奋起申辩。三人互相指责、推诿，吵得不可开交。蒋介石异常恼火，最后陈诚在事实面前理屈词穷，只好低头认罪：“新 5 军被消灭，责任完全在我，不怪各将领，请校长按国法军纪惩办。”

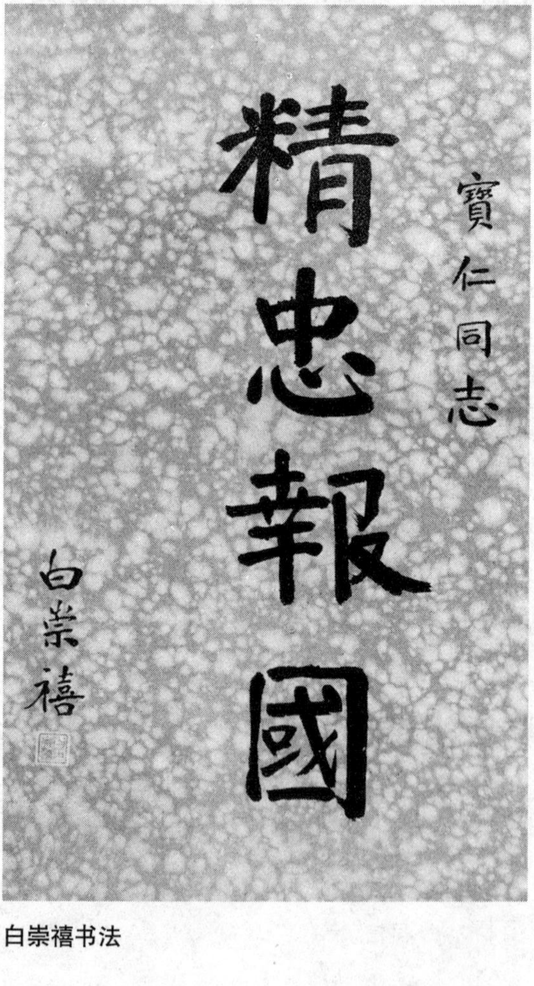

白崇禧书法

1948 年 3 月 13 日，东北战场，人民解放军攻破四平街，这次陈明仁的第 71 军没有那么好的运气了，第 88 师悉数被歼，加上一年前那场著名的的“四平保卫战”中第 87 师全军覆没，第 91 师在热河大败。这支在抗日战争中屡立奇功的部队，在远征作战中彪悍的劲旅，在短短的时间内全部土崩瓦解。陈诚在东北如同上演了一场闹剧，自己成为了最大的丑角。1948 年国防部长白崇禧在国民党“国大”作军事报告时，会场上甚至响起此起彼伏的呼声，要求蒋介石“法办陈诚以谢国人”。蒋介石离开沈阳后，陈诚亦觉东北非久留之地，遂依靠裙带关系活动，成功从东北纷扰的战局中脱身，却让卫立煌接手了东北这块烫手山芋，可是卫立煌也无力回天了。

李宗仁（左）与白崇禧合影

身在南京的陈明仁看到国军战报，得悉第71军全军覆灭的消息，心如刀绞。曾几何时，除寇的枪用来对准了昔日袍泽，抗日的军队用来同室操戈，国民党内部尔虞我诈、争权夺利，毫无斗志更何谈实现民主，他如今远离战场，赋闲南京，有心无力，报国无门，不由得在内心深处对国民党、对蒋家王朝产生了深深的疑惑和质询。

第八章
高举义旗

第一节　猛虎归山

1947 年 6 月，解放军进入战略反攻阶段，其猛烈的攻势堪比雷霆万钧，每一次胜利就像一支利剑，招招插向蒋家王朝的心脏。国军在东北地区一败涂地，中原、西北战区的形势也急转直下，处处掣肘，直接威胁南京、武汉，南京国民政府危如累卵，大厦将倾。死亡的狰狞直接变成战报上不断累加的数字，以最直观的形象呈现在国军高层将领们面前，甚至带着鲜血的余温、腐败的尸气在耳旁尖利地呼啸着。国民政府这些平日里颐指气使、目空一切的达官贵人们终于明白，战场是讲不得丝毫情面的，官衔也不是可以尸位素餐的，战绩和功勋那是需要真刀实枪地去拼、用每一滴血去换取的。那些结党营私、贪图享乐、夸夸其谈、纸上谈兵之辈，不屑带兵操练钻研战术，平日精于钻营之术，八面玲珑，长袖善舞，一个个平步青云，飞黄腾达，至于战场，有陈明仁这类耿直孤傲、不通权术的“傻大个”去冲锋陷阵就好了，

国军的装甲车

天下照样太平。可是，一到关键时刻，高下自见分晓。陈明仁被解职，同样的军队交给陈诚去指挥，结果天差地别。棋逢对手的战场上，一切花架子都会立刻现出原形。养兵千日，用兵一时，平日不养，临战又如何用兵？业精于勤荒于嬉，这道理在战场同样行得通，惨烈的败北让国民党最高层意识到他们犯了严重的错误。

指挥官的文韬武略、见地胆识就是一支军队的灵魂，再勇猛的部队失去了灵魂必然像无头苍蝇一样嗡嗡乱转，最终落入被对手“关门打狗”的境地。人们纷纷想起了虽然身经百战、战功卓著却仕途坎坷、数度贬谪、赋闲南京的陈明仁。战区吃紧，悍将却被束之高阁，绝对是资源的最大浪费啊！也只有在这个时候，陈明仁的价值才被人最大程度地认识到。蒋介石面前的红人、军界大腕纷纷上演周公吐脯、求贤若渴的戏码。胡宗南一直是蒋介石手里的一张王牌，坐镇西北，手握四十万重兵，拥有最现代的美式装备，作为蒋记黄埔军团的精英、著名的黄埔名将在抗日战争中也曾屡建奇功，但却靠“剿共”来成就其赫赫的“威名”，人称“西北王”，底气素来足得很。同是黄埔一期生的校友，胡宗南深知陈明仁乃天生将才，于是，率先对陈明仁发出了诚挚的邀请，亲笔书写急函、差亲信速递旅费，希望陈明仁能移驾西北到他麾下出任兵团司令。徐州“剿总”司令刘峙、副司令杜聿明更是“三顾茅庐”，多次跑到陈明仁家里软磨硬泡，期盼能将这尊“战神”请到自家阵营。但是，这些都被陈明仁一一谢绝了，他的谢绝低调却坚决，毫无商量的余地。前任国防部长、新“华中剿总”司令白崇禧，足智多谋，能征善战，人称“小诸葛”，是“桂系”的一支中流砥柱，也对陈明仁向往已久，认为此时更是招揽“能战之将”的绝好良机，开出了一系列的优厚条件，频频向陈明仁示好。白崇禧本来便才智超群，更兼相当善察人意，抓住了陈明仁耿直孤傲、重情重义、豪气任侠又极爱面子的性格特点，投其所好，对症下药，多次跑到南京以“华中剿总”副总司令兼武汉警备司令许诺授权，并且承诺恢复陈明仁心中的情结所在——第 71

军番号，同时还让陈明仁兼任第29军军长，再组建两个军，一起合成一个兵团，统归陈明仁麾下，由其任兵团司令。这大概是在白崇禧开出的条件中对陈明仁震撼最大的，尤其是恢复第71军这一着感情棋是直接下在了陈明仁的心坎上，白崇禧如此深味人情，摸得人心，不愧是“小诸葛”！

杜聿明在沈阳检阅部队

恰好陈明仁的胞弟陈明信也在这个时候来到南京。陈明信曾在东北战场被俘，此番来南京乃是负中共方面李立三的重托，希望争取陈明仁回到人民的立场上来。国军在东北战场遭遇滑铁卢之后，陈明仁的旧部僚属都为陈明仁因为一纸撤职令及早离开东北、因祸得福而庆幸，否则不是阵亡就是被俘，与共产党方面的纠葛将更不可解。这些都对陈明仁深有触动，对于时局他已了然于胸，对于国民党和蒋介石他已经心灰意冷，对于前路也已有了自己初步的打算，只是尚未完全明晰。无论是去西北还是去徐州当兵团司令，地位自然是相当的，也符合自己的愿望，但是与胡宗南、杜聿明同为黄埔一期生，他很了解这二人

蒋介石飞抵长春视察

的作风和手腕，在其麾下自己恐怕很难有出头之日，而久居人下也非己所愿。而白崇禧这边，他俩彼此都对对方的军事才华钦佩有加，再加上白崇禧作为桂系的领军人物素与蒋介石面和心不和，陈明仁正好利用蒋、白二人之间的矛盾，不仅能避开南北战火的烽烟，还能保存实力，抓住时机壮大自己，徐图东山再起。况且，白崇禧开出的条件乃是三方中最优厚、最深得陈氏心中三昧，正是综合了这多方考虑的结果，陈明仁对胡宗南和杜聿明都坚辞不受，唯独接受了白崇禧伸出来的“橄榄枝”，答应移驾武汉，就任“华中剿总”副总司令及一干职务。

蒋介石对于白崇禧的提议也欣然接受，陈明仁多年来屡建奇功且对自己忠心耿耿，尤其经过四平一战，蒋介石更是对这一点深信不疑，以为陈明仁乃是自己黄埔嫡系中最可靠的一支，因此，对陈明仁愿意去武汉就职也不作他想。更兼蒋介石也对桂系一派耿耿于怀，遇上对手主动要求将自己信任的得力干将请到身边，不正是可以顺水推舟卖个人情，还能密令陈明仁及其故旧吴相和暗中监视白崇禧，自以为可以钳制桂系力量，一举两得。殊不知今日的陈明仁经历过几起几落，心下凄凉，早已不是昨日只讲打仗、不求权术的陈明仁。陈明仁于 1948 年 7 月抵达汉口就职，利用蒋、白之间的矛盾，一方面虚与委蛇取信于白崇禧，另一面安排吴相和作出告密表忠心等假象迷惑蒋介石，在二者之间游走安抚，各取所需，发展壮大自己的权力。讽刺的是，这素来有隙的蒋、白二人都对陈明仁不疑有他，全力支持，希望能笼络陈明仁为己所用，无论要权要势、要兵要粮一概应允，达到了前所未有的共识。“华中剿总”副总司令、第 29 军

国民党军队进驻沈阳

军长、第71军军长、第一兵团司令，陈明仁再次回到军中，身兼四职，手握重兵，权倾一时，正好比是猛虎重归山林，蛟龙再入碧波，他踌躇满志地投入了军队的训练当中，以备不时之需。

第二节　风云再激荡

陈明仁军权一握，他毕竟是征战多年的职业军人，即刻便开始集中精力于军事研究之上。东北是陈明仁魂牵梦绕的地方，所以他也非常关心东北战场的局势。其时国军的部队在东北主要是占据长春、沈阳、锦州等几大城市。解放军主力一直驻扎在长春郊外，进攻长春乃是近在咫尺，有如探囊。但是，从情报上看，解放军在锦州、义县之间运兵频繁。

陈明仁将东北此时的局势反复咀嚼玩味，终于发现了其中的端倪。沈阳，此时有驻军20万人，解放军如果贸然开展必定是场硬战，双方损失都会很大。长春，守军10万，而且解放军在长春附近活动众多，但是，就当时的战况来看解放军并没有准备打仗的意向。锦州，驻军10万，要是解放军要攻打锦州必须先经过长途跋涉，大炮等重型武器运输困难。到底解放军要准备攻打哪里呢？突然，灵光一闪。解放军肯定会先打锦州，攻下锦州就是等于扼住了进出关内的门户，国军去往东北增援的道路将会被堵死，无论是攻城还是打援，东北的国军将会坐以待毙。陈明仁想到他这前半生中遭遇的最恶劣的境地、最惨烈的阵仗、最艰难的死里逃生，就是拜他黄埔四期师弟林彪一年前在四平交手时所赐！这个人简直是为战争而生，其冷静如冰，心细如发，洞见若烛，简直是国军的“死神”，由他来指挥东北战场，那么，共产党取得整个东北就是稳坐中军帐了。东北既得，那么解放军再挥军南下，乘势进击，那么蒋军其他据地也将危矣……思及于此，身在夏日炎炎的火炉武汉，陈明仁竟然惊出了一身冷汗！他当下便驱车前往司令部，找到白崇禧，将自己的预测及担忧告诉白崇禧。

谁知道白崇禧凝神听完陈明仁精辟入里的分析以后，竟然心花怒放，放声大笑，说解放军如果攻打锦州，这是天助我也。陈明仁闻之大惑不解。白崇禧便笑着为陈明仁解惑，想当初陈诚在蒋介石默许下如何排除异己、党同伐异，其目中无人、不可一世之状实在可恨，陈明仁也因此深受其苦。如今共军若要大破东北，陈诚必然也是吃不了兜着走，正好借共军之手报这一箭之仇，何不隔岸观火、看共军关门打狗？陈明仁大为惊诧，想不到白崇禧竟然为了这派系之争而宁可作壁上观，愿意东北拱手他人。国民党若因为陈诚一人而失天下，岂不令人扼腕痛心？白崇禧又安慰陈明仁道："子良兄不必忧虑，即使共军能占领整个北方，你我静坐武汉，划江而治，南北二分天下，又有何不可？"陈明仁闻言，心下惨然，原来国民党内部勾心斗角、争权夺利、人心涣散一至如斯，即使没有中共方面领导的解放军大军压境，国民党自身的机体腐烂早已显露败象，任何将星也难挽这大厦将倾的命运。

陈诚到长春视察（1947 年 6 月）

此时的东北有国军 55 万人，但已被解放军分割在长春、沈阳、锦州三个独立的区域内，几大城市的外围全是重重布兵包围的解放军，长春、沈阳的补给只能靠国军空运过来。沈阳一带，驻扎卫立煌统率的周福成第 8 兵团、廖耀湘第 9 兵团，共计 8 个军 24 个师 30 万人，这是卫立煌重点防御的中枢，同时也担任着增援长春、锦州的任务；长春由郑洞国率第 1 兵团，共 10 万人，驻守长春，目的是为了牵制东野主力；义县至秦皇岛一线，范汉杰率卢浚泉第 6 兵团，共 15 万人，近望锦州、锦西地区，死保与关内的唯一联系。

卫立煌（右二）视察战场

1948 年 3 月，蒋介石大胆计划，主张把沈阳国军主力撤到锦州，以便更好地与华北傅作义配合作战。蒋介石的这一着棋其实还是下得很准确，国民党军占据锦州，进可以向东夺回东北，退可以向西撤往关内。但是，驻守东北的卫立煌却认为只要占领了大城市就能保全东北，力主固守沈阳、长春、锦州三大城市。当时廖耀湘等东北一些将领也支持卫的方案，集体反对蒋的计划。

到了 5 月初，蒋介石再次命令卫立煌打通沈锦路，火速撤离锦州。卫仍然不赞同，而且，为了说服蒋介石，卫立煌还专门派廖耀湘和赵家骧等人赴南京面见蒋介石，申述利害。但是，蒋介石不为所动，坚决要打通沈锦路，将主力坚守锦州，沈阳城只需要留守第 53 军与第 6 军的 207 师。除此之外，其他部队应该统编为机动兵团，统归廖耀湘指挥，随时准备行动。

卫立煌担心廖耀湘将沈阳国军主力部队全部带走，所以，态度坚硬，坚决反对，导致蒋介石的想法暂时被搁浅。直到 9 月辽沈战役开始，国军的统帅部对东北的战略仍然没有一个完整的计划，蒋、卫之间仍然争执不休。

为了东北人民的利益，为了粉碎卫立煌集团占据东北的最后的梦想，毛泽东高瞻远瞩地指出，“对我军战略利益来说，是以封闭蒋军在东北加以各个歼灭为有利”，这就为东北的解放军提出了战略性的希望和要求，同时，进一步要求东北野战军下一步考虑南下，在北宁线作战的准备，彻底截断蒋军由陆上撤向关内的通路。

毛泽东的主张是先打锦州，切断国军关内与关外的联系，但

锦州战场上的担架队

是，东北野战军司令员林彪考虑到后勤物资有限，后方运输线过长，而且，还担心华北傅作义集团由关内北上合击锦州，所以，他建议先打长春，最后，这个方案得到毛泽东的批准。

5 月下旬，林彪以 2 个纵队的兵力进攻长春，激战半个月，进展缓慢，不能一气拿下长春城，遂改用长困久围的战术。7 月，林彪再次与东北局其他要员磋商战略后，终于下定南下作战的决心，准备进攻锦州。

林彪留下一部分兵力继续围困长春，主力挥师南下，直奔锦州。部队以 6 个纵队、1 个骑兵师、3 个独立师和炮兵纵队的主力风风火火急行军，为了保密夜行晓宿，长途奔袭，悄然无息地包围了锦州及北宁线上各据点。他布置了 4 个纵队、1 个骑兵师驻扎锦州以北的新民县西北，密切监视沈阳；布置 1 个纵队在开原地区守株待兔，对付长春逃窜之敌；另外剩下的 1 个纵队、6 个独立师和炮纵一部将长春围得水泄不通。同时故作迷阵，以少数部队假意向长春方向行动，公开提出“练好兵，打长春”的口号，营造出仍将主力围攻长春的假象以迷惑敌人。林彪的这一招确实糊弄了卫立煌，直到大战开始，卫立煌仍然固守在三个大城市，战略上没有丝毫的变化。

1948 年 9 月 12 日，辽沈战役正式打响。东北野战军攻势迅猛，所向披靡，无坚不摧，干脆利落地拿下了河北省的昌黎、北戴河和辽宁省的绥中、兴城，并迅速完成了对锦州、义县的包围。10 月 1 日，东野开始进攻锦州外围义县，4 个小时结束战斗，全歼卢浚泉的第93军暂2师，轻松占领义县。

义县失守，蒋介石得到消息时正处在济南和东北顾此难免失彼的两难境地，只好集中精力对付华北野战军发起的济南战役，命令卫立煌出兵沈阳解锦州之围。卫立煌却认为这应该由关内的国军出兵营救，以期解围后与沈阳主力会师，因此一口回绝，按兵不动，拒不执行蒋介石的命令。

辽沈战役前的东北民主联军

9月24日，被困锦州的范汉杰情急之下直接向蒋介石求援，蒋介石立即将卫立煌召回南京召开军事会议，高压迫令卫立煌出兵，卫立煌表现强硬，仍然拒绝救援锦州。蒋介石无可奈何，决定空运第49军到锦州增援，另一方面仍然迫使卫立煌由沈阳向沈锦线前进，并派参谋总长顾祝同到沈阳督战。

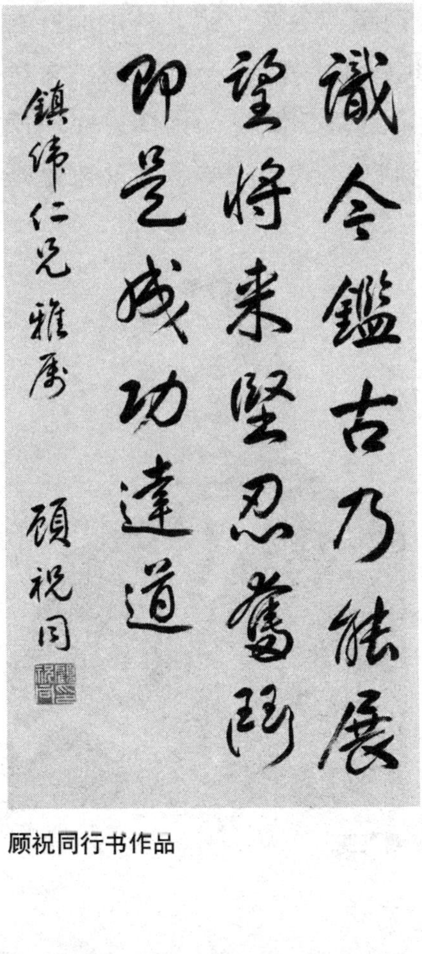

顾祝同行书作品

顾祝同到东北以后仍然无法改变卫立煌的主意，卫立煌坚持认为此举将带来全军覆没的危险，顾祝同别无他法，只好回南京复命。蒋介石得悉个中原委，可谓雷霆震怒，即于10月2日

蒋介石飞抵沈阳与各方人士会谈

飞抵沈阳，亲自召开军事会议，部署援锦军事。蒋介石当场拍板决定，决定沈阳部队编为攻击兵团和防守兵团二大战斗序列，廖耀湘任司令官。防守兵团由周福成任司令官。攻击兵团又称“西进兵团”。主要防守以沈阳为核心的开原、铁岭、辽阳等地区。10月15日，蒋介石第二次飞往沈阳，召集东北高级将领训话，并单独召见了卫立煌、杜聿明等人面授机宜。

蒋介石决定把华北和山东海运到葫芦岛7个师，外加原驻在葫芦岛阙汉骞的第54军4个师，共计4个军11个师组成“东进兵团”，“东进兵团”由华北第17兵团司令侯镜如指挥。在一次师以上的军官晚宴上，蒋介石发表讲话：“我这次专程来沈阳是带领大家突围，你们过去总说共匪主力找不到，现在有了这么一个机会，东北共匪主力集中在辽西走廊，这正是你们为党国立功的好机会。我相信你们能够发挥黄埔精神、对日作战的精神，和关内国军协同一致作战，一定可以马到功成。周总司令、郭总司令已经准备好了空军的协助、后勤的补给，确保你们无后顾之忧。万一你们这次不能打出去，那么，来生再见。”

阙汉骞

在蒋介石刚抵达沈阳的10月

刘亚楼（左）、林彪（中）和罗荣桓在辽沈战役前线

2 日清晨，东北野战军总部的列车也到达了郑家屯以西。林彪得知葫芦岛敌军新增 4 个师，担心进攻锦州的同时会受到沈阳、锦西、葫芦岛三处援敌夹击，届时部队在作战过程中油料耗尽，进攻锦州的大量重型武器将无法撤走，整个战况将濒临险境，损失将无可预计。于是，他临时决定命令列车暂停前进，急电中央军委请示："希望避敌锋芒，目前形势如能迅速攻下锦州则仍以首攻锦州为上，否则不如强攻长春，能比 6 月间准备进攻长春时胜算更大。"林彪签发这一电报后，攻锦部队仍按原部署向锦州推进。

10 月 3 日清晨，林彪、罗荣桓、刘亚楼三人碰头，林彪半调侃地说："好嘛，只准备了一桌菜，突然来了两桌客，怎么办?"罗、刘仍然建议考虑按原计划攻打锦州，林彪慎重考虑以后，认同了罗、刘，并联名致电毛泽东，10 月 4 日晨六点，毛泽东在复电中说，"甚好，甚慰"，并表示此前的战略分歧至此已经达成一致。锦州之战就此敲定，成为历史的紧要关头一个关键而华丽的转身。

10 月 5 日，东北野战军"前指"按照计划到达锦州西北牛屯，依据地形非常细致地拟定了总攻锦州，打援、突击、保障的具体作战方案，各部依计而动，完成部署。林彪战前指示，所有部队必须利用东自海边西至虹螺岘山下一线大约十几公里长的地区，采取攻势防御的战术，利用工事大量杀伤敌人，不怕牺牲，英勇顽强，使来犯之敌在我阵地前尸横遍野，创造震动全国的光荣的防御战。

国民党方面也是严阵以待。10月6日，蒋介石为了部署国军增援锦州的作战计划亲自乘“重庆”号巡洋舰赶到葫芦岛第54军军部。他面色凝重、言辞恳切地对众将领说：“这次战争关乎重大，可谓命悬一线，待华北2个军及烟台1个军到位以后，协同沈阳5个军夹击进攻锦州的共匪，再接应沈阳我军主力到锦州。各位将士责任重大，我军将士几十万人的生命，都由你们一手掌握。诸君当以杀身成仁的决心，齐心协力剿灭共匪！”并嘱此后葫芦岛国军交由侯镜如司令官全权指挥，在侯到达以前，塔山、锦州攻击战暂由阙汉骞指挥。海军司令桂永清、第三舰队司令马纪庄，受命利用海军大炮协助陆上的攻击。

桂永清

蒋介石部署完毕以后仍然忧心如焚，心事重重，于7日乘“重庆”号返回天津塘沽时用白手套在舰上到处摸，发现有灰尘，竟然大骂桂永清：“海军腐化堕落成这样，要亡国的！”他大概想起了甲午战争清军在甲板上晾衣服的事件，一个不爱惜武器装备、不注重素质养成的军队肯定是要打败仗的，蒋介石竟然一语成谶。

10月10日，国民党“东

进兵团”海陆空三军齐发，来势汹汹，向塔山附近东北野战军四纵阵地突然发起正面强攻。战斗持续了三天，国军车轮战一般的连续强攻均被打退，塔山阵地仍然牢不可破。13日晚，刘亚楼通令各部于14日上午对锦州发起总攻。

侯镜如

蒋介石也连夜敦促侯镜如必须在拂晓攻下塔山，中午十二点攻占高桥，黄昏前务必到达锦州，可见蒋为此战殚精竭虑，倒挺符合垂死前的挣扎那种歇斯底里之状。10月14日凌晨六点，侯镜如即下令部队再次狂攻塔山，这是一场强对强、硬碰硬的战斗，双方都以志在必得的劲头展开了开战几天以来最为惨烈的阵地争夺战。总攻锦州的命令尚未下达，塔山阵地已频频易手达到9次，可见战斗之激烈，形势之险峻。

东野在这次阵地战中伤亡很大，如果塔山失守，“东进兵团”将在一个小时之内如水漫金山一般直逼锦州，进攻锦州的部队将腹背受敌，进退失据。对共产党这方面来说，锦州之战是整个辽沈战役链条上非常关键的一环，一旦脱节，将导致整个辽沈战役总计划被打乱，东北野战军几十万大军的生命将受到极端严峻的威胁。面对如此严峻的形势，林彪沉默了很久，双眼紧盯着塔山这个地图上几乎找不到的小图标，内心在犹豫、斗争，最终他抬起头来，十分坚决地向刘亚楼挥手示意“总攻开始”，并且补充了一句:“告诉程子华，我只要塔山，不要伤亡数字!”塔山，绝不能失守。

10月14日上午十点，东野锦州攻城总攻开始。东野炮纵集

解放初期的曾泽生军长

中500门大炮开始怒吼，炮弹如离弦之箭一般劈头盖脑地砸向城内预定目标。十一点半，各突击队遥相呼应，同时发起冲击。白热化的战斗一直持续到10月15日下午六点，东野经过浴血奋战终于攻占了锦州城，全歼国民党守军十万余人，生擒了“剿总”副总司令兼锦州指挥所主任范汉杰与第6兵团司令卢浚泉。

侯镜如闻锦州失守，大吃一惊，慌忙退回锦西、葫芦岛。战后，范汉杰评价锦州之战的决策绝对需要雄才大略才能胜任，“锦州就是一根扁担，一头担东北，一头担华北”，现在这根扁担被东野猛烈的炮火打断了，东北、华北被切断了，国军将面临被各个击破的境地。卢浚泉应林彪要求给曾有袍泽之谊、镇守长春的60军军长曾泽生通电劝其率部起义。

锦州城破，蒋介石气急败坏，飞抵沈阳，以“严厉之军纪制裁”敦促郑洞国率部立即突围南撤，但长春守军已经人心惶惶，全无斗志，颇有兔死狐悲、树倒猢狲散之感，17日，第60军军长曾泽生率麾下3个师共2.6万人起义；19日，新7军军长李鸿率其军部及所属3个师投降；郑洞国则明修栈道，暗渡陈仓，表面上仍坐镇司令部踞守长春银行大楼，暗地里与解放军达成协议，要求允许他再“抵抗”一两天，并发布其受伤被俘的消息，10月21日四点郑洞国率部放下武器，长春顺利解放。

这边解放军的胜利如火如荼，而廖耀湘率“西进兵团”出辽西后，还在埋头进军。锦州失守后，卫立煌再次与蒋介石发生意见分歧，卫认为廖兵团应该停止西进，速回新民待战，以防被解放军围歼。但蒋介石则不顾属下将领的反对意见，也无视国军此时残缺不全、士气不振的现状，一心想收复锦州。卫立煌不敢公然抗命让廖撤回新民，但也坚持己见，不令廖耀湘继续西进。

人民解放军向锦州发起攻击

事实上，作为国共双方的最高统帅，蒋介石和毛泽东几乎在同一时间认识到了锦州极其关键的战略地位。可惜蒋介石与他的东北将领们意见相左，统战不力，内部纷争久未平息，举棋不定之时早已被毛泽东领导的解放军抢先战机一步。

锦州失守之后，蒋介石又急欲收复失地，竟至在无视对手力量增长的实际情况下孤注一掷地要决一死战，结果将几十万精锐之师送入了解放军的虎口。其后的辽西会战中，廖耀湘的西进军团在黑山、大虎山阵地一带遭遇东野，十万精兵毁于一旦，除新1军军长潘裕昆和新3军军长龙天武只身逃回沈阳以外，兵团司令廖耀湘、新6军军长李涛、第49军军长郑庭笈、第71军军长向凤武均成为瓮中之鳖。

辽西会战之后，东北野战军又乘胜追击，以乱治乱，直取沈阳、营口，全歼守敌。至此，辽沈战役从1948年9月12日开始到11月2日结束，共历时52天，东北野战军伤亡6.9万人，歼灭国军47.2万余人，186名国军少将以上高级军官被俘。东北全境实现解放。

辽沈战役以后，国军总兵力下降到290万人，解放军总兵力上升至300万人。国共双方的力量对比已经整个调换过来了。毛泽东信心十足地宣称，再有一年左右的时间，就可能从根本上打倒国民党反动政府。蒋介石遭遇东北战场的滑铁卢之后恼羞成怒，

卫立煌（左）与毛泽东合影

把所有的失败归咎于卫立煌，11月26日，蒋介石下令："东北剿匪总司令卫立煌迟疑不决，坐失军机，致失重镇，着即撤职查办。"从此以后将卫立煌软禁于南京家中。卫立煌从此开始淡出历史舞台。

东北的解放，国军的惨败……各种战报传到南京，一时间沸沸扬扬，各部将领、官员顿生悲戚惶然之感。陈明仁看见自己曾经战斗的东北江山易主，心中百感交集。目睹了蒋氏系统在东北的分崩离析，国军兵败如山倒，回想起自己人生经历的起伏，他几多感慨。政治上的腐败，个人权利的纷争，人心的向背，都显示出蒋介石统治的摇摇欲坠。想到这里，陈明仁对蒋介石、对国民党就彻底绝望了，于己于家他需要重新考虑站到哪一边，要拯救劳苦大众于水深火热之中，实现真正的独立和民主，他必须脱离旧的生活，面对人生的新抉择。

第三节　驻兵潇湘

东北全境解放以后，解放军乘胜前进，相继取得了淮海、平津战役的胜利，一路势如破竹，气贯长虹，又挥师南下，直如秋风扫落叶，痛歼国民党的主力和精锐部队。国民党在军事上的节节败退，从根本上动摇了国民党的内部结构，南京政权摇摇欲坠。人民解放军在战场上的所向披靡和巨大的民众影响力，使国民党内部的各派军阀预见了蒋家王朝江河日下、日薄西山的未来，都开始拉帮结派，保存实力，以图从内与蒋介石争权夺势，从外能与共产党达到势力均衡，划地而治。当然，心生疑虑、有意投诚者亦有之。也正是此时，美国政府拒绝了蒋介石增加援助的要求，美国政府意识到蒋介石在军事上已经走到了末日，公开表示不再支持蒋介石。蒋介石在政治上也尝到了失败的滋味，手下将领各有打算，可谓众叛亲离；在经济上，国民党统治区因为没有了美国的支持开始迅速崩溃。

从北平撤离回国的最后一批美国兵

1948 年 12 月下旬，白崇禧两次致电蒋介石，高调要求蒋介石停止军事行动。桂系李宗仁、甘介侯等大张旗鼓地提出五项主张：一、蒋介石下野。二、释放政治犯。三、言论集会自由。四、两军各自撤退 30 公里。五、划上海为自由市，政府撤退驻军，任命各党各派人士组成上海市联合政府。

以桂系为根基的白崇禧开始他们的小九九，想借此机会壮大自己的实力。新桂系势力主要是在广东、广西两地，为了继续扩大势力、与湖北武汉连成一片，必须争取湖南。而此时湖南的政府主席是程潜。

程潜，字颂云，1882 年出生，湖南醴陵人。孙中山先生在世之时深受信任，当时有“文有居正，武有程潜”的说法。宁汉分裂前夕，其主力一部被蒋介石和李、白桂系夺走。程潜遂对蒋、李、白有些旧怨。此后，军阀混战，程潜的仕途时沉时浮。1928 年，程再次被桂系扣押，释放后，赋闲于上海。1935 年，出任

身着国民党军服的程潜

国民政府军事委员会参谋总长。抗日战争爆发后，程潜出任第一战区司令长官，驻郑州，后又兼任河南省政府主席。1938年6月，调任军事委员会委员长天水行营主任。1940年5月天水行营撤销后，改任全国党政战地动员委员会副主任、军委会副参谋总长。抗战胜利后，程潜任武汉行辕主任。1947年参加副总统竞选失败，任湖南绥靖公署主任、湖南省政府主席。程潜到了湖南以后，看到人民解放军节节胜利，国民党日益腐败，遂生和平起义，保全湖南的想法。

这个时候，程潜想到了陈明仁，陈明仁是蒋系将领，与白崇禧桂系关系不深。另一方面，陈明仁虽然出身黄埔，但为人富有正义感。同时，程潜与陈明仁同是湖南醴陵人，并有师生之谊，私交颇深。程潜想，如能说服陈明仁共同走向和平，将是非常好的一件事。

想到了这一点，程潜密令程星龄与中共湖南省工委领导人周礼、余志宏取得了联系，试图先把陈明仁的军队调往长沙，再作打算。程星龄向程潜建议，陈明仁调往湖南可由刘斐出面，此事如成，湖南解放就迈出了第一步。白崇禧也想到了陈明仁，在程潜身边安插一名内线，伺机掌握湖南的军政大权对于新桂系的扩大举足轻重。此时有一个特殊人物不得不提，那就是原国防部次长刘斐。

刘斐一直以来长于战术，任军事参谋次长多年，不仅在军事技术上深得蒋介石的信任，又与桂系领军人物李宗仁、白崇禧关系密切，同时还与程潜、陈明仁是同乡，私交不错，感情很深。正因为刘斐在这三方中均有良好的影响力，就像处在一个三角形的中心，和各方都能说得上话，像润滑油一样能恰到好处地调节、转寰各方的关系。刘斐为人正派，政治上倾向民主、和平。抗战后期刘斐便对蒋介石、陈诚等人破坏和平、统一的行径深恶痛绝，不愿再为虎作伥、与虎谋皮，连续八次请辞参谋次长职务才得到批准。1949年国共和谈他和张治中、邵力子等五人代表国民党与中共谈判，随后在湖南和平解放的策划推动阶段也起到了至关重要的作用。

重庆会谈后机场送行

此时，刘斐便是表面受白崇禧之邀、但实际上乃是暗得程潜授意而赴武汉。白崇禧向刘斐谈起当下时局状况和武汉现状，并且把李济深劝白崇禧反蒋的一封密信拿来给刘斐看，还问起湖南情况如何，程潜是否有心反蒋。刘斐见此情况，摸着了白崇禧的脉，知道他这时候也是对前路处于迷茫、苦闷、彷徨的阶段，便趁机对白崇禧说："第一兵团刚成立，兵员、武器、训练均差，难以完成固守武汉重任，不如将陈明仁移驻长沙，他与程潜既是老乡又是师生，可以利用乡土关系，就地训练，充实力量。这样，既可为稳定湖南局势尽

刘斐（左二）与董其武（右二）、商震（右三）等在颐和园合影

力，今后又能为广西屏障效命。况且陈明仁对蒋介石、陈诚不满，你又对他有知遇之恩，他必然不会忘记你，可以让他去湖南搞和平反蒋运动，对付李默庵等一干蒋系分子，一举多得呀!”这些话正是小诸葛白崇禧内心所想。另外，刘斐私下找到陈明仁，说：“程颂公亟盼子良回湘合作。你回到湖南，恰好可以与颂公紧紧靠拢，共同寻求出路。”陈明仁恰好也在考虑将部队向老家湖南靠近，一听正合心意，便一口答应。

随后白崇禧找到陈明仁详谈有意派遣他率部入湘以牵制程潜、为桂系拓展地盘等打算，此时陈明仁早已掌握白崇禧的意图，便一口应允下来：“一切以党国的利益为重，愿效犬马之劳。”白崇禧一听，信以为真，喜形于色。就这样，陈明仁的队伍就名正言顺地浩浩荡荡地开到了湖南编训，将司令部设在长沙望城坡。

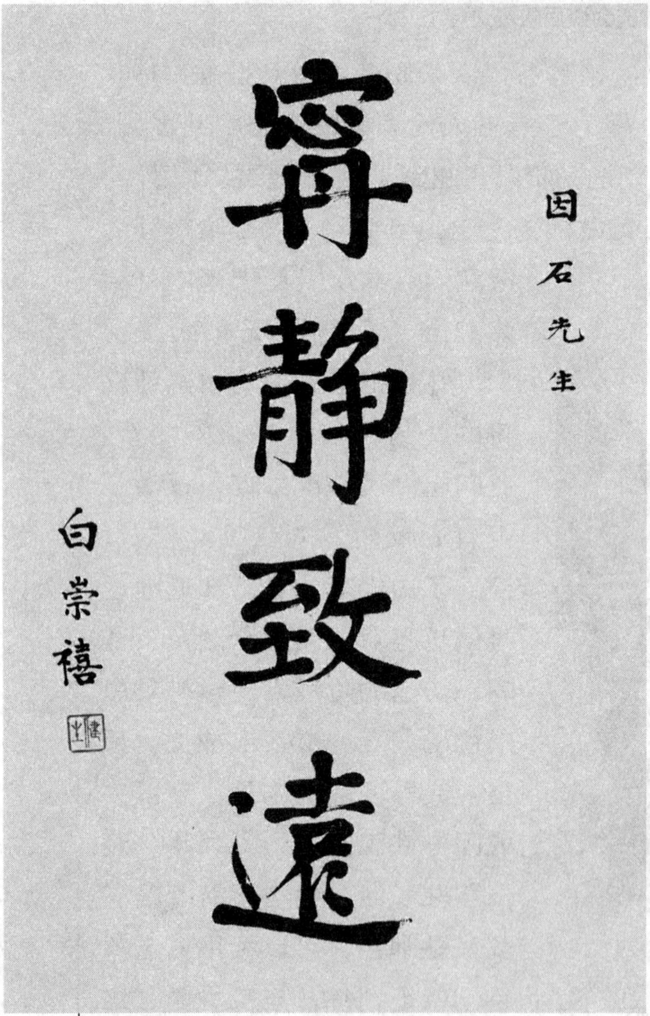

白崇禧书法作品

湖南是陈明仁的老家，乡音亲切，一往情深。“小诸葛”白崇禧百密而一疏，没想到陈明仁大起大落之后已经不是昨日死守四平街的陈明仁，又怎能再寄望陈明仁继续为国民党卖命死守长沙城呢？白崇禧这一着棋却恰恰是纵虎归山。

陈明仁率领第29军和新成立的第71军来到湖南，受到了程潜的热烈欢迎。程潜是湖南醴陵人，时任湖南省主席兼长沙绥靖公署主任，曾经在任广州大本营陆军讲武学校校长时特批陈明仁入学，为他打开了一扇跻身军旅的大门，对陈明仁可谓既有同乡之谊，又有知遇之恩。而陈明仁多年来叱咤疆场，为人耿介正直，程潜也是早有耳闻，心有向往。因此，两人算是神交已久，此番得遇，的确可以用“相见欢”来形容，欢迎宴上二人推杯换盏、互诉衷肠，大有相见恨晚之感。酒桌上陈明仁快人快语，把白崇禧和蒋介石临行的交代和盘托出，程潜对于陈明仁也是明人不说暗话，他将自己内心的想法也告诉了陈明仁。两人着眼于当前的国情讨论时政，蒋介石集团已经进入困境，中国局势已经泾渭分明，得民心者得天下。现在，蒋介石已经完全背离了当初的三民主义，内战不断、炮火连天，人民生活在水深火热之中，流离失所。作为一个军人应该识大体，谋大局，为拯救民族而奋斗。尤其两人自感作为湘军领袖，更是有责任有义务在这风雨飘摇的乱世中充分发挥自己的作用，为楚湘桑梓父老谋一份福祉，寻求一份和平与安宁。无论政治信仰如何，但总是炎黄后代，都热爱脚下这片满目疮痍的热土，都忠诚于这多灾

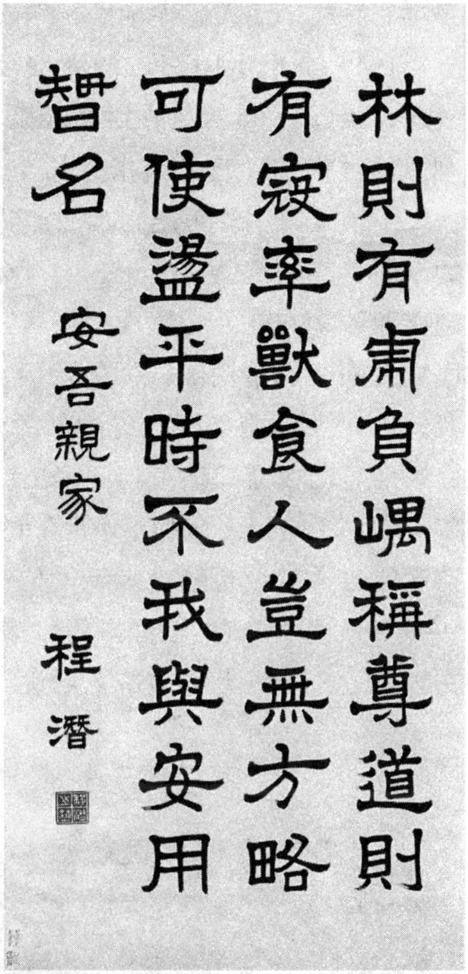

程潜隶书书法

多难的民族。两人惺惺相惜，相谈甚晚。

1949 年 1 月 10 日，淮海战役结束。这是三大战役中最大的一次，共历时 66 天。在这次战役中，解放军共消灭国民党军徐州剿总前进指挥部及其所指挥的 5 个兵团部，22 个军部，56 个师、一个绥靖区，正规军连同其他部队共 555099 人，约占其参战兵力的 69%，其中俘虏 320355 人，毙伤 171151 人，投诚 35093 人，起义改编 28500 人。这次战役是三大战役中歼敌最多的一次，国民党在南线的精锐部队损失殆尽，政治上的危机加上军事上的失败，进一步加剧了国民党内部的矛盾，派系间的纷争更为激烈。白崇禧早已在会战结束前便嗅出苗头，挑准了时机活动，于 1948 年 12 月 25 日提出“和平解决”的主张，应者纷纷，湖北、湖南、河南等省参议会也随之表示支持。淮海战役结束后的第四天，即 1949 年 1 月 14 日，毛泽东就发表声明：“现在，人民解放军无论在数量上、士气上和装备上均优于国民党反动派政府的残余军事力量。至此，中国人民才开始吐了一口气。现在情况很明显，只要解放军向残余的国民党军再作若干次重大攻击，国民党统治即将土崩瓦解，归于消亡。”

淮海战役中国军士兵正准备做饭

在此形势下，蒋介石于 1949 年元旦发表新年文告，提出与中共和平谈判，还故意提出了保存“宪法”、“法统”和军队的条件，然而此时，要和要战的主动权已不在他手中了。共产党识破了蒋介石的诡计，义正言辞表示拒绝。蒋介石此时已是四面楚歌，不仅很多统兵的高级将领们各怀心思，认为前途无望，国际方面美国驻华军事顾问团已经忙于撤退人员及家属，团长巴维达将军向美国陆军部的报告中说："由于国民党政府在长江以北的失败所造成的耻辱，纵令时间容许，国民党政府是否能在华南取得必要的支持，动员这一地区的人力，以重建其军队，实属极端令人怀疑。"蒋介石四面楚歌，1949 年 1 月 21 日宣告下野"引退"，回到浙江奉化，但是他实际上乃是以退为进，党政军大权仍然在握，幕后遥控指挥。这是他的权宜之计，他想利用现存一点点力量玩假"和平"，保存真实力，幻想着"南北"划江而治的局面。

杜聿明被俘

陈明仁目睹时局风云变幻，再一次受到了震撼。共产党日益壮大，以摧枯拉朽之势横扫神州大地，昔日并肩战斗过的同窗或者同僚范汉杰、杜聿明、廖耀湘、黄百韬等人在解放军的攻势下纷纷下马，不是阵亡就是被俘，他实在深感痛心，也为国民党的蜕化变质而扼腕叹息。毕竟，他是一个地地道道信仰三民主义成长起来的国民党军官，眼睁睁地看着国民党一步步腐败、衰落，最后走向灭亡。"国民党"这三个字，在他的心里是那么的沉重，又是那么的无奈。眼看战火纷飞，民不聊生，陈明仁由衷地渴望真正的和平。

第四节　浴火重生

此时的程潜，已经成了共产党的争取对象。程潜思想民主，嫉恶如仇，有较强的民族责任感。毛泽东为争取程潜做了很多的工作，亲自吩咐章士钊写信给程潜。在信中章士钊情深深、意切切，期望程潜为民族大义，当机立断，毅然起义。同时，在信中还希望程潜能够争取陈明仁，打消陈明仁的顾虑。

程潜书法镜面

陈明仁虽然倾向于共产党，但是他一直有顾虑：一是怕泄密。虽然国民党节节败退，但是蒋介石的中统爪牙遍地都是，稍不留神便有杀身之祸。二是怕共产党不接受他。四平大战林彪，欠下一笔血债，他担心解放军清算旧账不能容他，他只能一条路走到黑。三是不想戴“投降”的帽子，自他从军以来，一直被所有胜利的光环环绕，“起义”可以，“投降”不行，他不想落得俘虏的地步。

正是这个时候，程潜和他进行了一次密谈，开诚布公地表示了自己打算与共产党合作走和平起义道路的想法，并询问陈明仁的意见。陈明仁乍一听有点愣怔，没想到程潜如此直截了当，但是转念想到这种信任可是从蒋校长那里从未得到过的，多年来出生入死却频频见疑于蒋，仕途坎坷便罢了，感受到的都是人情似纸薄，反复无常，排挤、陷害不断，再想到弟弟陈明信带来的共产党的邀请、朋友的忠告，国共在政治主张、民心向背上的巨大差距……陈明仁想到这些，下定了决心，义无反顾地对面前年近古稀的老校长程潜说："颂公，我和你一起走和平之路，但是在公开场合我还是保持反共的姿态，以取得蒋介石和白崇禧的信任，以免节外生枝，确保起义成功。另外此事我只和你颂公保持联系，不和其他任何人发生关系。"是夜，师生二人深夜促膝，秉烛而谈，共商大计。

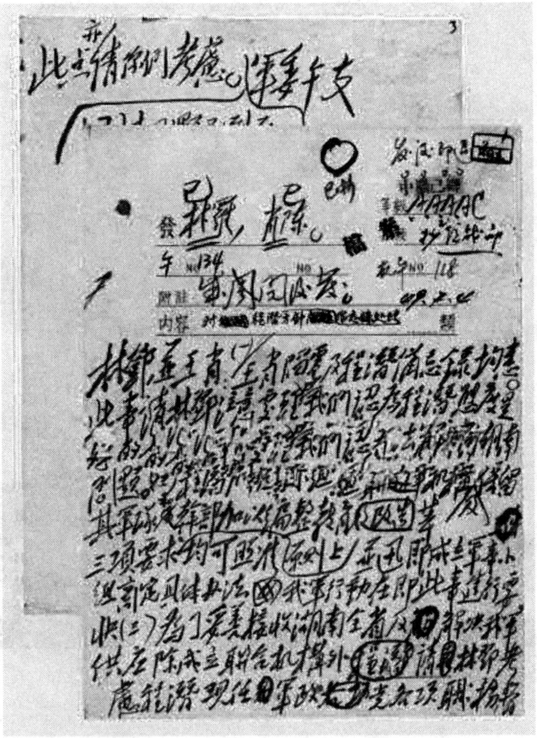

中央军委指示

这是1949年7月4日，中央军委关于极力争取程潜用和平方法解决湖南问题所作出的指示。

为了阻止解放军渡江南下，蒋介石将最后的希望放在了曾经死守四平的陈明仁身上，希望他能将历史重演，特地将扩编的第102、第123、第14、第100军以及三个旅的兵力拨归陈明仁统领。陈明仁表面上调兵遣将，布阵练兵，实际上却与程潜心意相通，准备弃暗投明，联手共求和平。不过虽说陈明仁已经下定决心起义，但是内心仍然疑雾难消，顾虑重重，尤其是自己歧途漫漫，血染双手，共产党要是重翻老账，岂非难消旧恨？

正在陈明仁在矛盾中斗争、徘徊之时，中共方面已经体察到了他的内心隐忧，派出常德醴陵老乡余志宏深入陈明仁部开展工作。余志宏面容清瘦、头脑冷静，善于统战工作。他几经周折，

解放军战士登上长江南岸

通过程星龄和深得陈明仁信任的第1兵团司令部办公室主任温汰沫、人事处长李君九等人取得了联系，他们素来与共产党有所接触，倾向和平民主，因此也成为了沟通陈明仁和地下党之间的桥梁。

国共和谈破裂。李宗仁拒绝在和谈协议上签字，彻底暴露了国民党南京政府假和平、真主战的面目。1949年4月20日晚，毛泽东一声令下，解放军以千军万马之势发动了渡江战役，解放南京即挥师南下，国民政府即刻覆灭。

程潜和白崇禧的矛盾也随之加剧。之前还能在“和谈”的大旗下有所活动，现在则需要将有关起义的一切活动转入地下。为了确保和平解放的胜利，程潜和陈明仁二人便在白崇禧的眼皮底下唱起了双簧，二人除了保持距离，做出一副“老死不相往来”的样子以外，陈明仁更是在公开场合以坚定不移地反共面目出现，誓言死守长沙，一切听令于中央，还频频派出亲信去往武汉、甚至亲往汉口向白崇禧汇报。陈明仁真戏假做，除了几个亲信部下没有人知道陈明仁已经倒向中共，他深得白崇禧乃至蒋介石信任，蒋白皆将长沙视为最保险的一道关卡。殊不知这程、陈二人却是瞒天过海，暗渡陈仓，起义工作仍在有条不紊地酝酿、实施。

蒋介石手迹

1949 年四五月间，中共地下党方面曾希望程潜、陈明仁递交一份备忘录以表明起义态度，程潜毫不犹豫大笔一挥写下备忘录，但是陈明仁疑虑犹存，以怕泄密为由拒绝签名。即使李君九谆谆以告，陈明仁仍不敢轻信，李君九的话能代表共产党吗？共产党能说话算数吗？思之及此，陈明仁始终“铁嘴”难开。恰巧原国民党政府教育部长、著名民主人士章士钊在与程星龄香港晤谈时聊到湖南的形势，得悉陈明仁的心态，章士钊当即欣然修书一封传给陈明仁，开解劝慰。章士钊在信中表示，对于陈明仁的过去中国共产党既往不咎，他在四平与林彪东北民主联军作战之事，已经成为了一个过去。章士钊在信中直接引述了毛泽东话：“那时，陈明仁是坐在他们（国民党）的船上，各划各的船，都想划赢，各为其主，理所当然。我们会谅解，只要他站过来就行了，我们还要重用他。”陈明仁接到章士钊的信以后，内心波涛起伏，辗转反侧，激动不已。共产党对自己既往不咎，毛泽东的话又如

毛泽东与程潜在中南海划船

此体贴入微，陈明仁放下了内心的包袱，时不我待，他深感自己身系责任重大，当即唤起李君九，表示愿与中共地下党人见面。余志宏与陈明仁终于得以当面锣对面鼓地共计起义大计，二人一见之下惺惺相惜，陈明仁更是坚定明确地表示了自己愿意追随程潜一道高举义旗，免长沙于兵火的涂炭。

解放军以气贯长虹之势直取武汉之后，白崇禧仓皇率部入湘，于 1949 年 5 月进驻长沙。

白崇禧进入湖南前后派遣了大批特务潜入长沙，紧密监视革命群众的活动，随时准备发动捕杀行动。性格刚烈的湖南人没有被国民党的残兵吓倒，在地下党的领导下，掀起了一股革命的高潮。大街上经常出现“要和平，不要斗争”、“自己人不打自己人”、“反对假和平，争取真和平”的标语，进步的传单时时冲击着人们的心灵。湖南老百姓所做的这一切给了陈明仁、程潜以极大的震动，更加坚定了改弦易辙的决心。陈明仁改组了长沙警备司令部军法处，安排亲信进去，以便控制局势，一旦有游行发生可防止滥捕滥杀。

为了迷惑白崇禧，陈明仁仍然采取两面做法。表面上陈明仁对群众运动、地下党表现得声色俱厉、杀气腾腾，高调声明要坚决镇压；实际却是多方周旋，暗中保护。私底下陈明仁还亲自找到程潜表明自己所说有关起义的话都算数，但是只要有任何第三者在场，即使是程潜夫人，他陈明仁也将表示不承认。为了方便工作，陈明仁还将委任状、包括私章在内的证章符号等一概交给李君九，凡需自己盖章的文件，李君九一概可便宜行事。共产党也紧锣密鼓地开展了和平解放湖南的工作，周恩来指定李明灏专门赴武汉参与工作。又致电乔冠华："争取程潜、李默庵、陈明仁站在我们方面反美反蒋反桂极为必要。请你们认真进行此项工作。如有可能，应与程潜或李默庵建立电台联系。"乔冠华在最短的时间内，建立了秘密电台。共产党此时专程派李明灏来湖南完成程潜、陈明仁的转变工作。李明灏是最佳人选，无党派人士，湖南醴陵人，和程潜、陈明仁是地地道道的湖南老乡。在大革命时期，程潜任陆军讲武学堂校长时，李明灏任教育长，而那时候的陈明仁正是讲武学堂的学生，于私于公，交情都很深。为遮人耳目，李明灏辞去华北军政大学总队长的职务，前往四野林彪处，以解放军代表的身份秘密到达长沙，以推动程潜、陈明仁起义。

陈明仁将军

为加快湖南和平解放工作，毛泽东再次致电林彪："程潜、李默庵、陈明仁的工作事关重大，望工作做细做透，同时可以利用张轸推动程潜的思想工作。"林彪接到毛泽东的电报后，再次接见了李明灏，传达了毛泽东的意见。同时，专门委托湖南省工委（工委书记周礼）协助李明灏的工作。事情进行得很顺利，陈明仁的思想转变很快，他通过李明灏向林彪转达了自己愿意和平解放湖南的意愿，并亲自给毛泽东写了一封信表明态度。

白崇禧再三号令程潜镇压学生运动。程潜对白崇禧的命令只是表面答应，实际上并没有采取什么行动。他借广州政府的名义建议程潜离开湖南，到广州任国民政府考试院院长职务。白崇禧本意是想程潜走后由陈明仁完完全全掌握湖南的军政大权，如此可使湘桂连成一片。唐星顺水推舟向白崇禧"进言"，说程潜其实

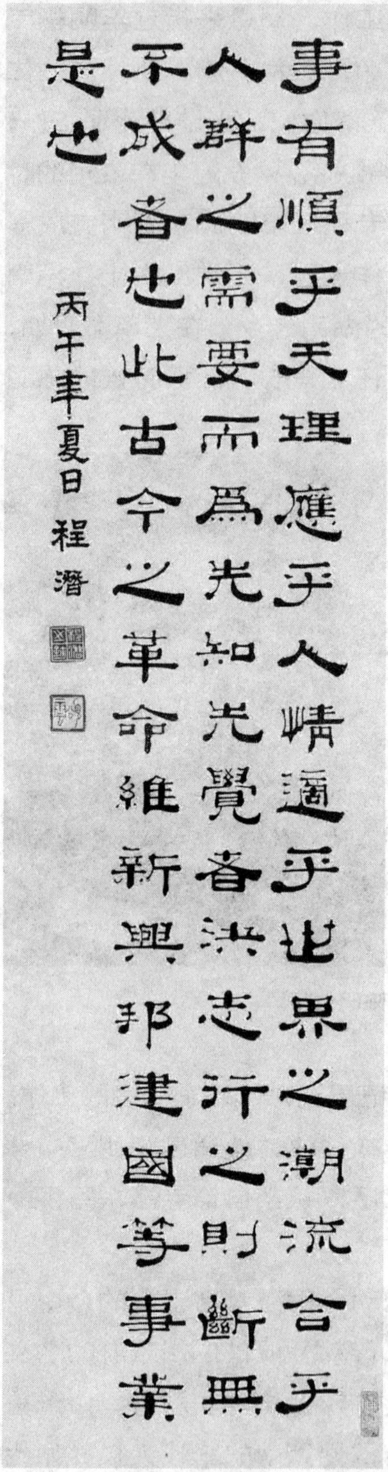

程潜隶书书法

并无意留恋湖南主席的位置，离任对程来说乃是求之不得，但是程潜作为湖南“家长”这块招牌是德高望重、颇有影响力的，不能让他离开湖南，反而应该充分利用程潜来作陈明仁的后盾。白崇禧听了唐星这番话，认为言之成理，便委任程潜为绥靖主任。所以陈明仁一直到7月下旬才正式接任湖南省主席的职务，程潜则离开长沙赴邵阳。白崇禧坐镇湖南以后对陈明仁拉得更紧了，陈明仁表面对白惟命是从，实际上是“阳奉阴违”，在白崇禧一派肆意抓捕、杀害进步人士和中共地下党员的时候，尽力周旋，利用各种机会设法保护、抢救革命同志。

毛泽东接到陈明仁的信以后，专门回了一封信给程潜。对程潜的态度表示了肯定和支持。而后，林彪命令四野的刘梦夕同陈大寰（李明灏的亲戚）乔装打扮，秘密携带着毛泽东的这封信乘船到长沙。1949年7月5日夜，乘着夜色，一名身着长衫的男子，后跟一名挑夫，匆忙走上武汉民生轮船公司码头。买票过后，两人沉静地上了一艘汽笛船，汽笛拉响后，这船快速朝长江上游驶去。这名穿着长衫男子正是乔装打扮的陈大寰，挑夫正是刘梦夕。他们对外身份是汉口大公电池厂经理和店员。他们将密信藏在一节甲号旧电池里，揭去包装，露出锌皮，然后将信笺折好卷在锌筒之上，再覆以薄油纸防潮，最后贴上商标包装，一节藏有密信的“大公牌”电池就制作完成了。从湖北到湖南长沙乘船并不太远，7 月 9 日上午抵达了长沙。陈大寰二人到了长沙以后，表面上假装走亲访友，两天以后上门拜访他的中学同学兼同乡潘培学，潘培学此时正担任程潜的机要秘书，潘培学也是共产党地下党员。躲过暗哨的陈大寰悄悄地到潘培学家拜访。

7 月 11 日上午，潘培学假借名目让陈大寰去见程潜。见到程潜后，陈大寰将密信从电池中取出，亲手交给程潜，说：“所有的话都在这里。”接过密信，程潜心情激动，他看得非常认真。看完信以后，他紧握住陈大寰的手，感激地说：“陈先生，一路辛苦，谢谢你，你这封信坚定了我的决心。请你转告党中央，湖南的问题一定会和平解决。”程潜再三表达了听从共产党的指挥，和平解决湖南的愿望。到后来，他谈到陈明仁的问题。程潜说陈明仁的思想是积极的，但是他由于同蒋介石、白崇禧的关系复杂，做他

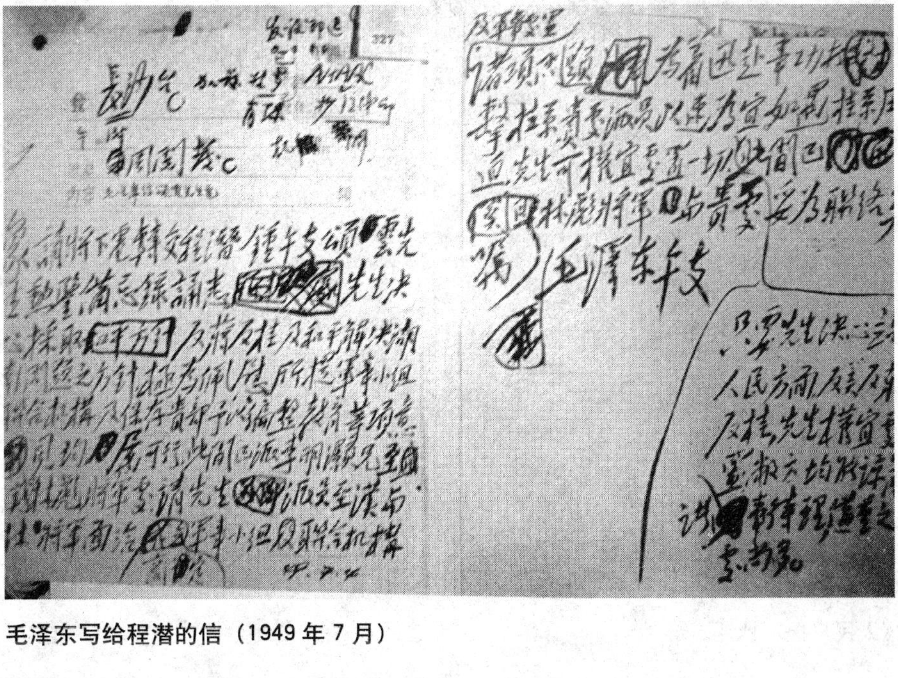

毛泽东写给程潜的信（1949 年 7 月）

的思想工作的时候还需要谨慎，但是通过大家的共同的努力，陈明仁必会走向起义，湖南必会和平解放。

事情处理虽然周密，但是“小诸葛”白崇禧还是嗅到了一丝不安。白崇禧想，虽然程潜不去上任广州考试院院长，但是我可以让你离开长沙，削弱你的兵权。一天夜里，白崇禧重兵包围湖南省政府，程潜被迫离开长沙到邵阳任职。白崇禧暗许陈明仁代湖南省政府主席，此时的陈明仁将湖南的党政军权集于一人。

一切都在掌握之中，白崇禧等程潜移驻邵阳后，就交待完事项离开了长沙到了衡阳。白崇禧一走，陈明仁马上召集省府官员训话。他对所有人说：“程潜主席临时在外执行军务，暂且由我代理主席职位，吾将牢记主席嘱咐，认真完成主席意愿。”“吾将以湖南百姓为重，以3000万桑梓生命为重，死而后已，力争湖南平安。”陈明仁的这一番话，不偏不倚，但是表明了他的态度。

当天夜里，李明灏再次秘密进入长沙，程潜第二天清晨也秘密返回了长沙，两人在湖南水陆洲音乐专科学校碰头，准备起义事项。消息很快就传到了白崇禧的耳朵里面，白崇禧此时不知道陈明仁已经做好了起义的打算，还打电话提醒陈明仁：“程潜已经秘密回到了长沙，你要注意安全，程潜手下众多，你目前坚守在省委大楼里面，不要轻易露面，不要和程潜接触，小心暗算。”陈明仁接到白崇禧的电话大吃一惊，但是他很沉静，说：“一切听从长官安排。”白崇禧暂且放心下来。一放下电话，陈明仁马上赶往水陆洲音乐专科学校和程潜碰头，三人在一起商量对策，准备

人民日報

根絕幻想堅決鬥爭到底
各界嚴斥美帝白皮書

《人民日报》社评

提前发动起义。陈明仁负责稳住部队，程潜准备立即赶往长沙担任湖南起义军的总指挥。

时间紧迫，很快到了 7 月 30 日，白崇禧连发密电致陈明仁："据密报程潜已经携带武器，调动部队密返长沙，准备图谋不轨，为党国社稷利益，命令你马上拦截其部，实行兵谏，解除其武装，迫使程潜离开长沙前往广州任职。"白崇禧再次为了稳住陈明仁，以广州的国民党政府的名义发来两封电报。一封电报的内容是：原湖南省主席程潜辞职照准，新任命政府委员陈明仁为湖南省主席。另一封电报内容是：新成立湖南绥靖总司令部，陈明仁任命为绥靖总司令，长沙绥靖公署从即日起撤销。广州的电报到后的第二天，蒋介石得知消息密派黄杰和邓文仪乘专机到长沙，目的是为了处理程潜事务，督促陈明仁上任。

黄杰和邓文仪都与陈明仁相熟，蒋介石派二人来也是别有用心。黄杰和陈明仁曾经一起并肩征战多年，有出生入死的战友之谊。以朋友和战友的身份借检查的名义拉拢陈明仁应是一举两得。黄杰到了长沙城墙，扫视了一眼部队的准备工作。问陈明仁："子良老弟，长沙古城准备是否完妥？"陈明仁回答："托达云兄鸿福，以目前的状况来看，长沙城固如金汤，我将要把它变为第二个四平。请达云兄和雪冰兄下城细看。"

黄杰回答："子良能力我早有目共睹，军事上的细节我们不如你，就不献丑了，咱们借一步说话。"陈明仁带黄杰、邓文仪来到密室。黄杰掏出一封蒋介石的亲笔信。

信上写着："弟一生光荣史迹，当自珍惜，为中正所深

邓文仪肖像

信也。对卖身投靠分子，应羞与为伍，必要时，不惜大义灭亲，将之明正典刑，然后退守湘西，吾将来四川为尔后盾，余由雪冰面告。”

此时，黄杰和邓文仪分别从包里取出一堆金砖和一把闪着幽蓝光泽的左轮手枪，“咚”地一声扔在桌子上，说：“这是蒋校长送给你的，希望你能为党国杀身成仁、舍身立命，再创四平奇迹！”陈明仁见此不禁心下大怒，前半生军旅生涯颇多坎坷，蒋介石竟然还好意思说自己“为中正所深信”，希冀用一堆金砖来拉拢自己继续为他卖命！当此关头，蒋介石为保性命弃大陆几十万将士不管逃赴台湾，此时却不忘恩威并施，以一把手枪希望部下杀身成仁，真是卑鄙可耻至极！

陈明仁为了迷惑二人，强压住内心怒火说：“达云兄和雪冰兄转告校长，子良身受党国之恩，必坚守到最后一兵一卒，与长沙城共存亡！黄金请拿走，枪我收下了！”看着陈明仁的一番表白，二人半信半疑，对于长沙这个不明之地也不敢久留，收起黄金便

国防委员会委员合影

1954年10月18日，毛泽东与参加国防委员会第一次会议的全体委员合影。图中第三排左一为陈明仁。

匆匆复命去了。

邓文仪、黄杰一走，陈明仁意识到时间很紧迫，马上和程潜见面，准备提前发动起义。见到程潜以后，陈明仁给程潜看了蒋介石的密信。程潜意识到再不抓紧时间，起义的计划一旦泄漏，所有的努力将白费。所以，他们密切筹划了提前起义的计划。山雨欲来风满楼，不知道等待他们的到底是怎样的命运，起义到底会不会成功？两人又激动忐忑，又充满希望。办公桌上除了地图、计划方案以外，还有程潜 6 月份写的备忘录复印件，上面的字清晰可见："潜自参加同盟会迄国民党，从事革命凡四十余年，服膺三民主义始终不渝。近十余年，坚决反对蒋系独裁政治。去年返湘以后，更站在人民利益立场，坚决反对战争，力主和平。只以自身力量尚弱，既不能明揭主张，更难放手措施。数月以来，处心积虑，应付环境，凡实际是以打击反动力量以及解除人民痛苦之处无不悉力以赴。例如二五减租，停止征兵征粮，停止使用金元券自本省始，至于暗中保障革命分子活动，相当开放舆论与群众运动，皆牵革大端，所给予反动势力军事上、经济上之打击至为重大。而潜亦以是遭受压力为更强。祈所幸迅已获得全省人民一致热烈拥护，虽反动分子多方阻挠，多方逼胁，卒难动摇。此次桂系大军退湘境，白崇禧即极端疾恶本省一切和平措施，遂不惜越权要挟，改组本省省政府，态度横暴，而后果必然一反本省过去措施，势将完全违犯人民利益，致引起全省人民公愤，迫使白亦放弃原定计划，此即人民力量积极支持进步措施最为显著之例。本省军政机构，原由蒋所一手安排，而军政干部更多系历年所卵翼人物，兼之本省封建色彩亦颇浓厚，自十六七年以来，一直培养反共环境，一旦谋预转移，诚非易事。曾深思熟虑，认为调整人事健全机构，在蒋束缚与桂系压迫之下决不可能，如贸然行动，势必引起狂澜，决非潜所能抵抗，计惟努力直接为有利于人民之措施，期以转移风气，借人民自觉造成力量，反而影响政治干部，数月以来确已略收效果。当前咸感大势所趋，莫能阻抑，潜对于军政干部潜移默化尤未稍懈，除少数极顽固分子仍不异自

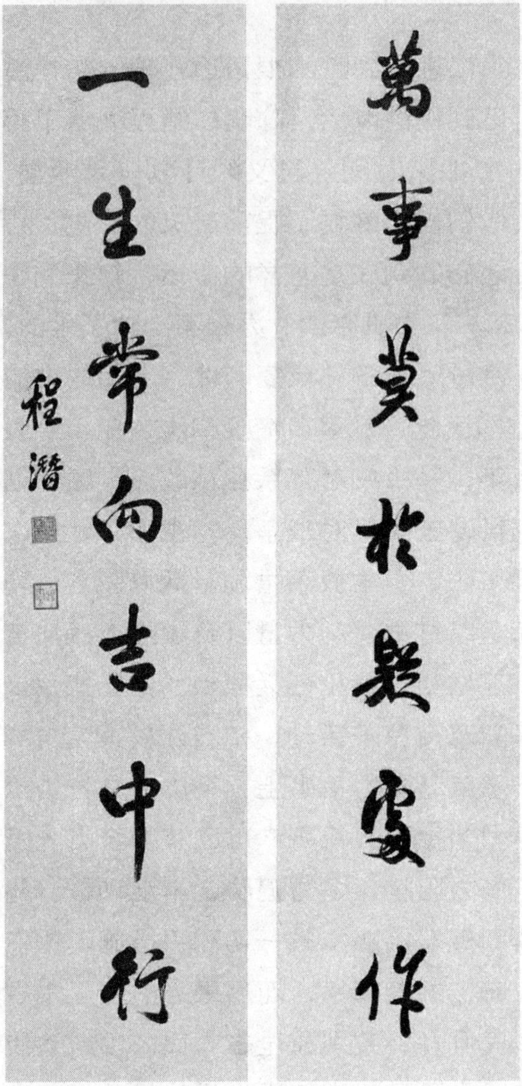

程潜书法对联

趋绝境而外，大都追随革命不致阻抑。论者或指责本省军政机构散弱无能，自是事实无可讳言。惟以本省过去环境，如其果有健全机构与人事，则不出两种状态：一为蒋系之工具，一为封建性的团结，此两者皆属反革命之营垒，如其坚强则潜所遭力以更大或至一筹莫展。兹幸其散弱无能，乃得乘隙增强人民力量。凡潜有所措施，多获得社会人士密切联系与直接赞助（甚至往日担任特务工作之张严佛、肖作霖、李肖白、王永康、李坚冰等，近数月来亦协助和平措施甚力）。除少数参与机要人员外，军政机构几于置身事外，此种现象近一两月来日益显著，亦即证明进步力量之日益强大。数月以来派员与贵方不断接触，至为融洽，惟以环境逼胁，每或事与愿违。至于维持治安，沟通人民情感与理解，借以获得今日局势，多荷贵方协助，衷心感谢，匪可言宣。既受本省人民之重托，又值烽火迫近本省之际，如何避免战祸，如何减少人民痛苦，如何保持本省元气，实属当前惟一要务。

爰本反蒋、反桂系、反战、反假和平之一贯态度，决定根据贵方公布和谈八条二十四款之原则，谋致湖南局部和平，具体进行办法，极望双方指派军事代表立即成立军事小组，俾能详细商决，并密切配合行动。就本省当前军事形势论，留驻省内军队除桂军外，大部分所能切实掌握者，另附详表备查。凡可掌握之军队，大部均已集中长沙附近，而桂军多已开赴湘南、赣西（留驻长沙者仅约一团）。本省军队数虽然不少于桂军，但战斗力则远逊于桂军，不得不极力敷衍桂系，一俟时机成熟，潜当即揭明主张，正式通电全国，号召省内外军民一致拥护以八条二十四款为基础之和平，打击蒋、白残余势力。在潜揭明主张之前，如何配合行动，全权由军事小组商决。在揭明主张以后，短期似有设立联合指挥机关必要，一以整编本省现有武力，一以配合贵方为进一步之军事行动，凡此均得联合指挥机构商决实施。本省现有武力番号甚多，内容不实而指挥又未能统一，此皆蒋系凌乱作风。在本省揭明主张以前实无法调整，一俟揭明主张以后，期望贵方予以彻底整编。惟数月以来官兵待遇极其匪薄，尚能协助维持社会治安，而干部中更不乏明达之人暗中拥护潜之主张，不无微劳。倘

毛泽东和程潜等游明长陵

能汰弱留强，重予教育，则以土著，关系于今后地方绥靖工作，乃至扫荡西南，尚可效劳一二。又本省反共历史垂二十年，思想落后，固由局促山地昧于大势，亦由蒋某多方欺骗，多方利诱威迫，造成积重难返之势。兹以贵方大军逼近，或多惶惑，经潜直接间接多方解释安慰，除极少数顽固分子或已逃亡外，大都明了贵方宽大作风，尚能镇定矣。甚望贵方大军抵达之日，更能予以事实上之证明，则全省人民幸甚。此亦潜职责所关，思虑所及，合并提备参考。”

1949年8月1日，程潜以个人名义发出和平通电。8月3日程潜与李明灏签订《长沙和平协定》，所部师长汤季楠占领邵阳，8月4日，程潜、陈明仁领衔，率唐星、熊新民、张际鹏等湖南38位国民党将领联名给中共中央以及中国人民解放军第一、第二、第三、第四野战军司令员、政治委员发表起义通电。通电中说：“爰率领全湘军民，根据中共提示之八条二十四款，取得和平之基础，正式脱离广州政府。”同时，程潜向民众发表了《告湖南民众书》，向全体湖南国民党官兵发表了《告将士书》，正式向全省民众和国民党官兵公开宣言：脱离广州国民党政府，归属于中国共产党，号召湖南各阶层人士团结一致、齐心协力共同驱逐新桂系白崇禧武装集团，成立新的人民的民主政府。至此，湖南获得和平解放。

毛泽东与陈明仁合影

陈明仁及时响应，于当天以省政府主席的名义发表《告全省各级官兵暨所属军师官兵及全省人民》的文告，宣布即日起所部官兵脱离广州国民党政府，响应中国共产党的号召，拥护和平，加入到解放大业的洪流中去。同时告诫各界人士坚守岗位，一切照常。

司令部里，通宵未眠的陈明仁睁着通红的双眼，激动地倾听着一连串“嘀嘀哒哒”的电报声声，向四海传播着那激昂大义、响遏行云的誓言……

历史翻开了新的一页，历经周折的湖南和平起义终于获得成功，三湘大地终获平安！原国民党第1兵团下辖3个军共7.7万余人全部宣布起义。当天，林彪第4野战军第46军第138师接管湖南防务。经过中共中央批准，原国民党起义部队改编为中国人民解放军第1兵团，司令员仍然由陈明仁担任。同时，批准湖南临时政府成立，主席陈明仁，副主席袁任远。湖南人民军政委员会成立，主任程潜，副主任黄克诚，委员有李明灏（兼任秘书长）、陈明仁、唐天际、袁任远、金明、周礼、仇鳌、唐星。8月9日，批准长沙警备司令部成立，司令员解沛然，政治委员曹英任。8月19日，长沙市军管会成立。萧劲光为军管会主任，王首道、陈明仁为副主任。8月29日，湖南人民军政委员会再次扩大，主任为程潜，副主任黄克诚，萧劲光、唐生智、王首道、陈明仁等13人为委员。8月30日，湖南军区成立，司令员萧劲光，政治委员黄克诚，副司令员陈明仁。起义之后，中国共产党实现诺言，陈明仁仍然得到了重用。

袁任远

湖南全体将士和平起义的消息很快就传开了，共产党人心振奋，国民党朝野震动。毛泽东、朱德联名通电程潜、陈明仁，电报内容是：“程潜将军、陈明仁将军及全体起义将士们：接读8月5日（应为4日）通电，义正词严，极为佩慰。

陈明仁与朱德合影

中国人民解放事业的胜利，已成全世界公认的定局。美帝国主义及其走狗蒋介石、李宗仁、白崇禧、阎锡山等残余匪党不甘失败，尚图最后挣扎，必被迅速扫灭，已无疑义。诸公率三湘健儿，脱离反动阵营，参加人民革命，义声昭著，全国欢迎，南望湘云，谨致祝贺。尚望团结部属，与人民解放军亲密合作，并准备改编为中国人民解放军，以革命精神教育部队，改变作风，力求进步，为消灭残匪，解放全国人民而奋斗。”

程潜、陈明仁率兵起义，白崇禧岂能罢休，立即起兵攻打长沙，对陈明仁投向共产党的部队进行了攻击和收编，使陈明仁的部队在短时间内损失近 5 万多人。直到白崇禧完全被解放军打垮，他对湖南的攻击才最后停止。在此期间，第 1 兵团发生了严重的叛逃事件，令陈明仁感到巨大的压力，整天闷闷不乐，心事重重，直到毛泽东主席亲拟电文邀请他赴京出席全国政协第一届会议，陈明仁才如释重负，心病顿消。

第九章

重整旗鼓立新功

第一节 北上赴盛会

1949年9月21日，第一届政治协商会议在北京隆重召开，程潜、陈明仁受到毛泽东主席的盛情邀请。由于当时交通尚不发达，长沙到武汉这一段路况又不好，铁路公路皆不畅通，况且又加上国民党方面作困兽犹斗，常派飞机偷袭轰炸，一路安全堪忧。为此，第4野战军第12兵团特地为陈明仁派出警卫部队，辗转路经平江、通城、郑州、徐州、天津等地，专程护送陈明仁进京赴会。

毛泽东与民主人士在天坛合影

9月10日，当他们乘火车抵达北平的时候，北平市市长聂荣臻到火车站专程迎接陈明仁一行。陈明仁下榻于六国饭店以后，不仅受到了毛泽东、周恩来等国家领导人的亲切接见，朱德总司令还特意到陈明仁下榻处看望他，言语间风趣幽默，关心入微，甚至还亲自下厨显了一把身手，炒了个四川菜招待好吃辣的湖南人陈明仁。这些都让陈明仁如沐春风，深深感受到中共那种亲如一家的战友情怀和同志感情，为他几十载华年在国民党队伍中所未见。回想前尘往事，他感慨良多，庆幸自己及时弃暗投明，投入了人民的怀抱。

9 月 19 日上午，毛泽东和刘伯承、陈毅、粟裕等来到六国饭店，拜访起义将领。大家在一起谈兴很浓，意趣盎然。午饭后毛主席还邀请大家同游天坛公园，游到祈年殿时，主席站定了，微笑着向陈明仁招手：“子良将军，来，来，来，我们两人单独合个影！”陈明仁一时还有些忸怩不安，陈毅一把将陈明仁推到主席面前，笑着说：“你和主席是湖南老乡，还装什么斯文啰！”历史再次定格，曾经的国民党名将陈明仁站在了中共中央主席毛泽东的身旁，摄影师为他们留下了这难忘的瞬间。陈明仁开玩笑地说：“主席，我想把这张照片洗上 10 打，回去送给我的亲朋故旧。”毛主席拍着他的肩膀说：“10 打太少，我洗 50 打送给你。”众人大笑。主席又语重心长地说：“子良将军，外面谣言很多啊，说你被我们扣押、软禁了云云。你正好顺便把你的情况向外面宣传一下，写封信让你那些亲朋故旧看看咱们的合影，这样谣言就不攻自破了，也可以让他们早日归来啊！”并且还感谢陈明仁的到来，可谓代表了蒋介石的嫡系将领，补充了政协会议的队伍。

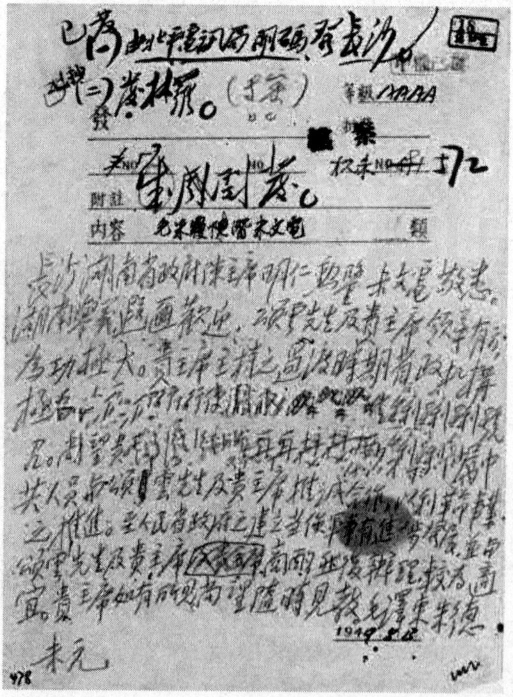
毛泽东、朱德复陈明仁电（1949 年 8 月 13 日）

陈明仁听着毛主席的一番微言大义，敬佩不已，激动不已，也为自己觉悟甚晚，迟迟不能决定起义、官兵出现叛逃等事宜内疚不已，没想到毛主席还笑容可掬地安慰他说："没有关系，革命不分先后嘛！你的义举意义重大，即使你一个人起义，也是成功之举！"陈明仁听到毛主席这样善解人意而又推心置腹的肯定，内心的波涛更是起伏不已。

9月21日，第一届全国政协会议隆重召开。陈明仁当选为第一届中国人民政治协商会议全国委员会委员，他在会上畅谈起义感受，自己的起义是对白崇禧的"兵谏"，也是对蒋介石的"大义灭亲"，今后必将接受共产党的领导，服务于人民与国家。他慷慨激昂、饱含真情的发言赢得了全场的敬意，雷鸣般的掌声久久不息。会议期间，毛主席曾先后两次接见陈明仁，开诚布公地询问陈明仁今后的打算，如果愿意从政的话，中央将拨给陈明仁一笔特款，由其全权支配。陈明仁毫不犹豫、坚定刚毅地对主席说："报告主席，我是一个军人，愿意一辈子带兵，为国家的军事贡献力量！"毛主席见陈明仁表情凝重庄严，欣然同意他关于改编部队的要求，并且承诺无论是共产党的军队还是起义部队今后都一视同仁，绝无亏待。后来陈明仁在正式改编中由第1兵团司令变为第21兵团司令，他向毛主席请求上前线作战，清除白崇禧留下的残部。他心里一直惦着1947年四平之战中欠下的债，希望能将功赎罪。毛主席宽厚地笑了，安慰他说："两军交战，各为其主，就像划船一样都想划赢呀！我看林彪打仗就不如你！"

1949年10月1日，陈明仁、程潜等起义将领和许多著名爱国人士与共和国国家领导人一起登上天安门城楼参加开国大典，普天同庆新中国的诞生，看到人们欢天喜地、扬眉吐气的高兴劲儿，陈明仁深感欣慰，自己这条路没有走错。率部起义以后，陈明仁受到了优厚的礼遇，历任中国人民解放军第21兵团司令员，中南军政委员会委员，国防委员会委员，湖南省临时省政府主席，第一届、二届全国人民代表大会代表，中国人民政治协商会议第一届全国委员会委员，第三届常务委员等职务。他常常对部下和家人无限感慨，自己为老蒋出生入死多少回也难得听到一句真心话，在共产党这边却是人人亲如一家，尤其毛主席和自己更是一

毛泽东（左四）与程潜（左五）、陈明仁（左二）等人合影

见如故，对比之下真是天壤之别。

1955年9月27日，中央军委授予陈明仁共和国上将军衔，他看着自己肩上那三颗闪闪发光的金星，英姿威武，往事历历在目，多少回硝烟滚滚，多少回炮声震天，多少回跃马中原，多少回宦海沉浮……英雄流血不流泪，此刻他却几乎抑制不住自己，心潮澎湃。

窗外天高云淡，月白风清，正是金秋好时节。

第二节　桂西剿匪

陈明仁起义以后，考虑到官兵们的情绪和习惯，起义部队改名为“中国国民党人民解放军”，但是随着整编工作的进行，官兵们强烈要求尽早改编为中国人民解放军，去掉名称里的“国民党”三个字。中央同意了陈明仁的申请，1949年12月2日，陈明仁部改编为中国人民解放军第21兵团，隶属第4野战军建制，由陈明仁任兵团司令，唐天际任政治委员，下辖第52军、第53军。

1950年2月，陈明仁率兵团司令部由浏阳移驻醴陵，第52军驻攸县，第53军驻安仁，全军集中整训。陈明仁非常重视部队整训，不仅亲自拟定整训方案，还亲自来到现场深入指挥、示范、视察，力求将第21兵团训练成钢铁队伍，为人民再立新功。

10月，美帝国主义悍然侵朝，中国人民志愿军开赴朝鲜参战，抵抗美国侵略。陈明仁和广大官兵热血沸腾，几次请求上战

授旗典礼

程潜、陈明仁起义部队奉命改编为中国人民解放军第二十一兵团。这是在授旗典礼大会上，第四野战军政治部副主任陶铸在授旗。

场抗美援朝。恰逢解放不久的广西颇不太平，以白崇禧桂系为代表的国民党残余武装与当地土匪勾结，鱼肉一方，广西人民深受其害。此时林彪、邓子恢已经率领四野大军挥师猛进湘桂一带地区，与白崇禧残部交火多时。经过衡宝、广东战役以后，白崇禧已经无招架之力，他本人退到海南岛，通过无线电遥控指挥滞留广西的部下，要求他们“反共到底”，而这些败军之将则龟缩到了广西深山密林里，仍然阴魂不散，频繁出动袭击共产党民主

邓子恢与新四军部分干部合影

白崇禧书法对联

政权和地方老百姓。毛泽东主席考虑到了改编后官兵们渴望出成绩的心愿，于12月中旬派第21兵团开赴广西剿匪。

此时的陈明仁尚沉浸在痛失贤妻芳如的哀恸中，心境凄凉，4月，山上开满了杜鹃花，仿佛是陈明仁泣血滴成。接到出征命令以后，陈明仁藏起哀恸，打起精神，告别了亡妻芳如，迎着凛冽的寒风率部南下，日夜兼程，向着广西匪患最猖獗的玉江、左江以南地区和大、小瑶山地区进军。朔朔寒风，旌旗猎猎，号角声声……重回战场，让悲伤中的陈明仁重回那千里连营的铁血生涯，将对亡妻的一腔深情化作为民除害、保一方平安的踌躇满志。

1940年春天，陈明仁正在桂林会战的战场上抗击日寇，虽说伤亡惨重，但是打出了士气，打出了中华儿女的民族魂。光阴荏苒，如白驹过隙，如今整整十年过去了，陈明仁又回到了广西这片热土。只是这次，他是作为人民解放军来剿除匪乱。又见广西的大好河山，山清水秀、洞奇石美，形态万千犹如鬼斧神工，玲珑剔透堪称钟灵毓秀。正是这样雄奇瑰丽的景色，正是这样淳朴善良的人民，却在土匪和反革命武装的暴乱中承受着残酷的践踏和蹂躏，在国民党有预谋、有计划、有组织的策反活动中苦不堪言，不仅落草山林的土匪杀人越货，滞留桂柳的国军更是凶猛残暴，官匪勾结，狼狈为奸，可谓“司令满街走，统领多过狗”。

广西本就是一个山多、民穷、枪多、匪多的地区，正是“无山不有洞，无洞不有匪”。再加上广西是桂系经营多年的老巢，国民党特务和土匪成灾，国民党尤其是白崇禧，寄希望于广西成为他们退出大陆以后的根据地，妄图借此与中国共产党长期相持，作为他们“反攻大陆”的落脚点以期东山再起。白崇禧离开广西以前经过周密部署，发动“一甲一兵一枪”运动，网络了各地的残兵游勇，盘踞在十万大山、六万大山、大容山、大明山和大小瑶山等地，为祸一方。

解放之初，百废待兴，社会一片混乱，1950年新年一过，国民党“反共救国军”总司令钟祖培等人煽动群众闹事，不断纠集数千名土匪在恭城发动暴乱，高喊着“反北佬”、“反征粮”，聚众攻打县城，抢劫公粮，给新政府来了个下马威，闹了个“新年乱”。广西军民于1950年1月起便开展了反击，但是由于政策方法上不够切合地方实际，没有充分发挥群众，剿匪成效不大，土匪们反倒越剿越猖獗。紧接着平乐、玉林、柳州等地又发生更大规模的土匪暴乱，9万多土匪从各个角落里涌出来，一度声势浩大，泛滥成灾。时任剿匪军区副司令员的李天佑火速派兵镇压，剿灭土匪4万多人，剩余的5万多人逃进深山岩洞里躲了起来。但是三个月后美军入侵朝鲜的消息传到广西以后，好似给土匪们打了一

李天佑上将

支强心针，兴奋异常的土匪们以为美国佬又回来帮助蒋介石了，一下子昏头转向以为他们的时代又回来了，又开始猖獗地出动，全省102个县的行政范围，土匪像瘟疫一样迅速蔓延到了97个县，500多人被杀，公粮2800多万斤、牲畜26万多头被抢。李天佑率领部队天天剿匪，日夜无休，但是摊子太大，独力难支，土匪还是多如牛毛，层出不穷，人民群众的生命财产安全受到了严重的威胁，新政权也受到严峻的冲击，毛泽东连发四封电报要求迅速剿灭匪乱，就像四道金牌战令一样鞭打在李天佑的心上，广西剿匪，此时已成为压倒广西一切的艰巨任务。

1950年12月，陈明仁就是在这种情况下奉命班师入桂，与李天佑部共同剿匪。

李天佑接到省委通知，得知毛泽东派解放军第21兵团第53军来广西协助剿匪，先遣师第219师已到达南宁，兵团司令员陈明仁率领后续部队随即到达桂林，非常高兴，立即亲赴桂林迎接陈明仁。要知道这二位可算是多年的老对手了，东北战场上李天佑曾率东北野战军一纵同陈明仁指挥的国民党军第71军多次交锋，尤其是四平攻坚战中，陈明仁死守危城，李天佑浴血攻城，两人针锋相对、寸土不让地大战了三百个回合，最终以战平告终。陈明仁因功获罪、明升暗降，被调离了四平，一年以后李天佑在解放四平战争中一雪前耻。两人虽说各为其主，但彼此也算神交已久，后来陈明仁义举震天，和平起义，李天佑对陈更是钦佩不已。所以这次之前的老对手、如今殊途同归的陈明仁入桂，李天佑非常高兴，两人在接风宴上开怀畅饮，决心要联手给土匪们一

时刻准备出击的解放军

记重击，彻底剿灭这伙流匪。李天佑还笑谈不是冤家不聚头，此番对手变战友恐怕是毛主席的有意安排，乃是激将法。随后，李天佑详细地向陈明仁介绍了广西剿匪的情况，陈明仁也即上书党中央和毛泽东，表示："一定不辜负党的信任，坚决完成剿匪任务。"

第三节　宝剑再露锋芒

陈明仁经过严密的思考，以桂南、大小瑶山为重点部署兵力，将兵团总部设在桂林，第 53 军驻防柳州及周边的来宾、宜山、柳城等地，第 52 军驻防鹿寨、荔浦、平乐等地区，将兵力细致入微地渗透到匪乱较严重的地区。

瑶山地处广西中部偏东北方向，崇山峻岭纵横交错，云雾缭绕，终年不见本来面目，南北绵延两百多公里，东西纵横一百公里，遍布幽深的峡谷、陡峭的悬崖、湍急的河水，进山则不知所终，出山也九曲十八弯，地势复杂，十分险要。对于兵家来说，容易隐蔽，进退自如，是决胜必争之地。白崇禧号称"小诸葛"，自然非比寻常，早已在这里部署了重要力量，并且招纳匪徒，屯兵买马，梧州、平乐、桂林等地区的头号匪首也在解放军冬季剿

峰林俊秀的大瑶山

匪以后四散奔逃，潜藏到了瑶山，这样一来，瑶山就更成了土匪窝。

陈明仁到达广西以后，就对瑶山等地的土匪盘踞情况加以细致调查，根据自己长期作战的经验和对国民党部队战略战术的了解，制定了详细、周密的“瑶山边沿区封锁计划”：将第21兵团的各部分别部署到瑶山西北的雒容、柳江以南、象州以东以及瑶山东北的阳朔、荔浦、平乐、昭平一线，力求封锁匪徒，又派了两个团与桂林分区一个营进驻瑶山，另调一部分主力结合地方武装和民兵，对瑶山外围的玉江、桂江、柳江三条江的水路和柳（州）平（乐）公路进行封锁，如此里外结合、遥相呼应地打造了一个密不透风的包围圈，扫清了剿匪的死角和盲区。这次突击取得了显著的效果，但是，还是有一部分匪首借鉴了红军初创时的游击战术化整为零地避过了陈明仁此番强大的兵锋，逃出了包围圈。为此，陈明仁派出数十支侦察部队深入瑶山内部及附近地区，调查整理瑶山的匪情、地理、民情有关材料，确保战斗打响之时有备无患。同时他还开展了部队内部的剿匪立功运动，从思想教育上保证了部队保持战斗情绪饱满、士气高涨的状态。部署完毕以后，参加围剿的十四个团及一个营的同志们便浩浩荡荡进军瑶山。为了不打草惊蛇，部队昼伏夜行，白天表面上风平浪静，波澜不惊，连一个军人都见不到，实际上却是波涛暗涌，寨门街口都有便衣战士放哨，行人准进不准出；夜幕一降临，指战员们便从老百姓家里出动汇合，神不知鬼不觉地策马奔驰，装满了军需物资的卡车呼啸而过，民工队伍络绎不绝，水陆两路并进，浩浩荡荡直奔瑶山，但是这一切都是静悄悄地进行着，土匪们还躺在炕上做着美梦呢！

剿匪部队攀越山崖深入匪穴捣匪窝

1951年1月8日，到达瑶山的解放军各部正式开始了瑶山会剿，十步一岗五步一哨，划分任务区域，各自分兵把守，水陆两路可谓“千里冰（兵）封”，警备森严，各通往山里的路口不论大小均有火力封锁，男女老少一律严禁出入山区，拉起了一张密不透风的除匪之网，将连绵数十里的大山围得个水泄不通。陈明仁这一部署意在全面堵塞土匪外逃的机会，使我军一开始就夺取战役的主动权，先发制人。一俟瑶山的日落如往常一般拉开黑夜的序幕，倦鸟都已归巢，人们也已经进入梦乡，解放军联合当地武装便带好武器、逮捕证等早已准备好的物件进入各自分管区域，轻车熟路地敲开一家一家的大门，将那些还躺在被窝里做美梦的土匪们揪出来。这些人刚开始还弄不清楚状况，不知道是何处神兵从天而降，待见到逮捕证明白过来，早已只有束手就擒的份儿，吓得浑身抖如筛糠，魂不附体，更甚者则倒头便拜，磕头如捣蒜，连声求饶。

至此，剿匪工作可以说取得了阶段性的胜利，但是仍然有相当一部分顽固分子躲藏在大山深处，如同阴魂不散的鬼魅出没林间，为害一方。在陈明仁的指导下，将士们因地制宜，组织了一批飞行队，如同威震遐迩的“飞虎队”一般，日夜在山间巡逻，搜捕漏网的匪徒。哪里有土匪的痕迹，他们就迅速追踪过来，新倒下的茅草、折断的树枝都是重要的线索，不仅进行地毯式搜寻，

剿匪战士们在翻阅群众投递的检举信

甚至几乎刨地三尺，绝不给土匪以喘息的空间。

瑶山一带地形极具广西特色，山高树密，四季常青，茅草长得比人还高，非常有利于土匪躲藏，想要在这样的山里搜捕小股流匪便是难上加难。一丛丛连片生长的灌木看起来不起眼，长有倒钩的小刺却不断地划破战士们的衣服、划伤手脚甚至是脸，不一会儿就浑身是伤。到处都是看不见的山洞和地缝，稍不留神忽然就跌进深坑，摔得鼻青脸肿还算便宜的，最可恶的是山蚂蝗，不知什么时候就已经在战士们身上吸饱了血，却毫无知觉，直到忽然痛得直钻心，想拔都拔不出来，脚上腿上一片红肿。还有那些山蚂蚁、山蚊子也绝不甘落后，成群结队地跟轰炸机似的围着战士们又叮又咬，已经是遍体鳞伤了，还要提防林子里随处可见的吐着信的毒蛇、七八寸长的蜈蚣，被它们咬伤了都不是件痛快事。就是在这样恶劣的环境里，战士们艰难地搜索着土匪，有时候遇上匪情需要蹲点守候，为了不打草惊蛇，即使是刮风下雨战士们也得一动不动地潜伏在满是毒虫毒草的灌木丛中，熬上一整夜是家常便饭的事情。

剿匪部队开赴战场

为了逮住匪首林秀山，队员们不知道在大山里奋战了多少个日夜。林秀山这老贼阴险狡猾，不仅金蝉脱壳、狡兔三窟、调虎离山、狸猫换太子等十八般武艺样样齐全，而且食古不化、冥顽不灵，多次从战士们的眼皮底下逃脱，气得大家摩拳擦掌，不抓到这老贼誓不罢休。

多少个夜晚，别动队的队员们趴在灌木丛或是山洞里保持随时待命的状态，只要有点蛛丝马迹，便立刻闻风而动，多少天风餐露宿，身上的衣服都被夜露打湿、树枝刮破，粘糊糊潮乎乎的粘在身上浑身起疹子，都不管不顾。终于有一天，林秀山被困在老巢里实在饿得受不住了，趁着月色溜出来，跑到庄稼地里想学狗熊掰棒子，结果被等待已久的战士们逮了个正着。臭名昭著的匪首这时候已经人不像人鬼不像鬼，干干瘪瘪的一个小老头，哪里还有半点当初的嚣张模样啊。终于将这为祸一方的恶贼擒住，为瑶山除去一害，实在是大快人心！

除了从实战中清除匪患以外，陈明仁还注意宣传工作和战斗相结合。进驻广西以来，陈明仁处处留心，实地调查，发现被捕的土匪中除了顽固不化的匪首以外，有很大一部分大都是些愚昧无知的乡民，被白崇禧“反北方佬”的反动宣传所蛊惑，不仅还认为共产党、解放军都是些披着满身红毛，张着血盆大口的妖怪，“共产共妻”，甚至认为自己当土匪是“除魔安邦”、“替天行道”！因此，陈明仁相当重视群众思想工作，部队进驻以后，组织了一批经过统一培训的当地干部对群众宣传我党的政策，省委及时派出随军工作队4千余人，分别进驻大小瑶山的78个乡，与主力部队一起对土匪家属做耐心细致的说服教育工作，宣传党的民族政策与剿匪政

民兵配合解放军剿匪

策，做到“人人开口，家喻户晓”、“标语上山，标语入洞”，对土匪开展政治攻势，不但从语言上消除了障碍，而且富有群众工作的经验，如此一张一弛，宽严结合，更好地配合、保证了剿匪战斗的胜利。好多当地群众被发动起来上山寻找落草为寇的亲人，劝他们下山自首，争取宽大处理。这样，既给了一些不明真相的匪徒以新生出路，又达到瓦解土匪队伍的目的，还能从自首的土匪那里得到不少有价值的情报和线索。

当时桂南十万大山还有以韦秀英为首的另一窝土匪活动相当猖獗。韦秀英是广西钦州人，丈夫是一名国民党将军，在广西开战前丢下她潜逃了。韦秀英竟然接过她丈夫的枪，收编其残部和一些散兵游勇继续为非作歹，尤其是取得台湾方面的国民党的支援以后，其装备充足，力量曾达到3万多人，更是变本加厉，自封为“粤桂边反共救国军”总指挥，依靠十万大山的复杂地形为祸一方，杀人越货，手段极其残忍，为当地群众所深恶痛绝。但是，由于这伙匪徒极其狡猾，又因为十万大山独特的地理环境，方圆几百平方公里、横跨十几个州县和国境线，依山傍海，难以形成合围，导致在前几次的剿匪战斗中事倍功半。为了永绝匪患，陈明仁部第21兵团第219师奉命联合第134师、原为第38军独立师的第151师部分主力，统归第45军军长张天云亲自指挥，对十万大山韦秀英匪部进行铁壁合围。

韦秀英这个女土匪也着实了有两把刷子，竟然早先一步探知我方的军事行动计划，打算率部提前越境潜往越南。所幸我方通过土匪内线得知情报，迅速改变合围方案，提前发动清剿行动，巧妙迂回，轻装上阵，经过连续三昼夜的急行军，在中越边境的那梨以北地区截住了韦秀英部，展开了一

电影《英雄虎胆》剧照

场持续十天的激战，又乘胜追击小股余匪，终于荡清了这支流寇。据传后来闻名遐迩的电影《英雄虎胆》就是以这次十万大山剿匪战斗为蓝本，电影里那女匪首“阿兰”就是以韦秀英为原型来塑造的。

为了清除余寇，陈明仁部又开始向十万大山腹地进军扫荡，布下天罗地网，逐层推进，每条山沟都仔细清理，不留死角，最终配合大部队于 1951 年初完成了搜山清剿的任务，基本上摧毁了大容山、十万大山、六万大山、圣堂山等地以及桂南地区的土匪，共歼匪 6.4 万余人。瑶山剿匪战斗则是整个广西剿匪战斗中最为壮观的一幕，歼灭土匪 3 万余人。瑶山不仅是桂东北地区土匪的指挥中心，也是全省土匪的总指挥部，拔掉了这颗“钉子”，广西全境剿匪战争大为改观，韦秀英、林秀山、韩蒙轩、甘竟生、杨创奇等盘踞一方的匪首纷纷伏法，无一漏网。在李天佑、陈明仁的精心部署、正确指导下，彻底、干净地消灭了盘踞在广西的 33 万多土匪，还广西人民一片碧水蓝天，为刚刚解放的广西得以恢复和发展奠定了基础，同时也斩断了美国及国民党反动势力留在大陆上的一只爪牙，为抗美援朝战争的胜利提供了一个稳定的后方。

清算匪霸罪行

第十章

功不可没建大业

第一节 南疆驻防

时光，无论怎样匆匆，总是四季分明。人生亦是如此，既有春华秋实，亦有夏日骄阳、冬日瑞雪。虽然陈明仁的人生中戎马倥偬、铁马冰河的时候居多，但是也有明月清风、儿女情长的时光。广西剿匪的紧张间隙，他总会情不自禁地思念已故的妻子芳如，也会常常忆起妻子住院期间的主治医生肖毅。这位大夫出生于书香世家，父亲肖元定是湘雅医院院长，著名的外科权威，肖毅本人也是学识渊博、技术精湛，更难得的是她温文尔雅、善良体贴，对待病人更是无微不至、不厌其烦，令人如沐春风。芳如卧床期间被病痛折磨，自己又时常不在身边，多亏肖毅的悉心照顾，精心治疗，热情温暖犹如家人，才减轻了芳如直面生命流逝的那份脆弱和孤独，也慰藉了陈明仁那份悲痛欲绝的伤心。

陈明仁和夫人萧毅合影

时光荏苒，转眼芳如已

经离去一年有余，佳人芳踪虽杳，情意长存。芳如离去前曾是万般不舍，也是百般担忧，夫妻相濡以沫几十年，今后孤身的陈明仁将要怎么面对一个人的生活呢？她首先想到的就是自己的主治医生肖毅，如果自己离去以后能有肖毅这样温柔贤淑的女子相伴于自己的丈夫，九泉之下也当安心。芳如临终前曾把这个心愿表达给陈明仁，当时陈明仁没有放在心上，如今却不由得思念起肖毅来。芳如住院期间，陈明仁有时间就会去医院照顾、陪伴妻子，肖毅也对这位情深意重、侠骨柔肠的男人印象尤深，虽说曾经许下心愿献身医学，更不喜欢军人的行伍习气，却被陈明仁文武兼备、有礼有节的才华和气质所倾倒，竟推翻了打算独身的想法。

1951 年秋天，剿匪胜利的陈明仁接到命令进京参加军事会议，恰好此时肖毅也在北京协和医院进修，陈明仁有时间便常常来协和医院看望肖毅。秋风送爽，云淡天高，两人常常沿着林荫小道信步而行，沐浴在温暖和煦的秋阳里，心情也像这高远宁静的季节一样美丽，脉脉温情在两人之间缓缓升温。不久，陈明仁即回到广西坐镇指挥，但是即使再忙都会保持和肖毅的联系，两人的心靠得越来越近，这份感情就是差没有当面表白了。但是，陈明仁的个人问题却引起了组织的高度重视，当时的中央统战部长李维汉、中南局统战部长张执一充当了红娘，并且将本来可以留在协和医院工作的肖毅调回了湖南医学院工作，以便二人交流、发展。1952 年 8 月，陈明仁和肖毅终于携手走进了婚姻殿堂，喜结良缘。

陈明仁与夫人萧毅在广州（1964 年春节）

1952 年 10 月，广西剿匪、清理工作彻底结束，陈明仁麾下的第 21 兵团也遵照上级部署与其他部队合并，陈明仁仍然是那位愿意终生跃马疆场、带兵上前线的将军，婉言谢绝了领导让他到上级机关任职的安排，自愿任第55军军长，常驻祖国的南疆——广东湛江，守护南中国海。

经过前半生血与火的洗礼，戎马生涯半刻不得停歇，“东临碣石，以观沧海”，这种壮美的意境陈明仁还是第一次这么静下心来感受。海风习习，涛声阵阵，帆影点点，白鸥翩翩，辽阔的海域一碧万顷，浮光闪耀，让人顿觉心旷神怡、天高地远，人生苦短如白驹过隙，唯有抓住有限的人生多做一些有意义的事情、于国于家于人民有利的事情，方能在这茫茫天地之间留下一些自己曾经来过的痕迹，方能俯仰无愧。

一到湛江，陈明仁就将全部精力投入了海防布防工作当中，翻山涉水察看地形，研究地貌，收集材料，为保卫新生的共和国而废寝忘食、不知疲倦地工作着。他对这片地形的熟悉，能够做到不看地图、不观图表，而那些山川、河流、道路、海岸线、制高点、坑道数量、兵力布置等等数据、图形了然于胸、倒背如流。因为对于这片热土的赤诚之心，陈明仁并不止步于保卫海疆，还下定决心要改变湛江满目荒山、四野茫茫的面貌，着手绿化造林，自己还担任总指挥亲自扛着锄头，带领浩浩荡荡的植树大军开进湛江的处处荒山。从此，湛江这座南疆小城，依偎着雷州海峡日渐葱茏，绿影婆娑，气候大为改善，水土保持良好，农业生产条

今日繁华的湛江

件得以改善，人们的生活也如春风拂面，和煦而清新。今天，每当人们走在姹紫嫣红、繁花似锦的湛江街头，仍然会深深怀念曾经为这片美丽的土地洒下汗水、深情驻足的陈明仁将军。

第二节　虚怀若谷从严治军

章士钊先生曾经写下一首诗专赠陈明仁将军：

英豪举义誉天下，一片丹心映红霞。

湘江碧水载美名，流到潘溪桂蒋牙。

这首诗就是对陈明仁将军率部起义、免湖湘于涂炭的正义之举的由衷肯定和赞扬，也是对陈明仁一生客观而中肯的总结与评价。陈明仁自小性格耿直倔强，有勇有谋，戎马生涯几十年，基本上可以说没有打过败仗，四平之战险胜林彪，连毛泽东都评价林彪打仗不如陈明仁，足见陈明仁在军事上的天分、才华都非常人可及。但是，也正因为陈明仁自身的才华使得他非常自信，对于错误的指挥常常直言不讳、决不妥协，这种不留情面的作风导致了他处在国民党阵营中的时候处处遭嫉，受到排挤。

穿解放军军服的陈明仁

起义以后，陈明仁感到两党之间最大的差别之一，就是彼此之间亲睦团结，互助友爱，遇到问题大家一起商量协商，他以前的那种倔强脾气以及“梗直犯上”的作风竟然没有了用武之地。陈明仁任第 55 军军长时，肩负着守卫南海的任务，每逢军事会议，他总是虚心地听取各部驻防将领的经验，认真细致地交流自己在守卫海防上的战术设想，拓宽了视野，打开了思路。

对于一起共事的同志，陈明仁也是尊重有加，遇到问题他总是主动找到政委王振乾，商量如何在桂江沿岸增设防御工事、调整兵力等部署事宜。王振乾对这位老领导颇为敬重，尤其信服他在军事上过人的见地，往往都会谦虚地请陈明仁先谈，并且说："您是驰名中外的常胜将军，您是最有发言权的了。"陈明仁听到此话并不居功自傲，正色回答说："不能这么说，那些都是过去的成绩，具体的形势都在变化，谁也不能保证万无一失。两个人的智慧一定比一个人的要强，我们还是要共同来商榷为妥。"不仅如此，陈明仁还会结合自己过去在抗战中积累下来的关于桂南地区作战的经验来确定今天的布防战术原则，仔细研究兵力布置情况，和同志们一起部署战略防御的设想，汇报给国防工程指挥部，为南海的驻防建起一道坚固的防御屏障。

第 55 军士兵严阵以待

陈明仁多年来养成了雷厉风行、严谨敏捷的作风，治军非常严格。据说他出行的时候，只要双脚离地登上了汽车，司机就必须立即开动，哪怕一秒钟时间也不能浪费，要不然陈明仁就会相当不悦。对于陈明仁来说，有限的人生，应该抓紧每一分钟，尤其是新中国建立之初国防建设急需稳固的紧要关头，他恨不得殚精竭虑、废寝忘食地工作。

无论工作多忙，陈明仁都要求自己做到军容严整，站如松，坐如钟，行如风，他认为这是一个人乃至一支军队的精神面貌的反映，至关重要，如果连军容都不整，稀松邋遢，如何能保证部队的战斗力？因此，他不仅严于律己，对于将士们要求也甚严，即使在日常生活中也决不允许有懈怠状态出现。有一位名叫马金虎的干部对此印象尤为深刻，当时他是第55军下属某师后勤部战勤科科长，一天独自在林荫道上闲逛的时候遇到了陈明仁，当时他穿着军服，军帽却戴歪了，风纪扣也没有扣，领章还掉了一个。陈明仁当时便火冒三丈，将他喝住："你是哪个部队的？叫什么名字？这样不注意军容风纪，邋里邋遢地出来，成何体统！太败坏我军形象了！"马金虎吓得不行，如实汇报自己所属部队和名字，都没敢为自己申辩一下。陈明仁非常犀利地盯着他说："只此一回，下不为例！"事后陈明仁再到马金虎所在的师视察的时候，还专门去了战勤科检查马金虎的军容，见他衣着整齐、朝气蓬勃的样子很是满意，连连夸赞说："以后就应该保持这个样子！"

第55军开赴战场

还有一件趣闻值得一提，有一次陈明仁走进一个连队的炊事班检查工作，结果炊事班长看到领导视察，立刻放下手中的工作，跑步到首长面前立正敬礼，非常尊敬地大声报告："上尉同志，炊事班全体同志正在工作，请您指示！"陈明仁一愣，不由自主地看了一眼自己的肩章，没有戴错呀！陪同的师首长大为窘迫，赶紧纠正说："班长同志，这是上将陈军长，不是上尉！"陈明仁当即接过师首长的话说："不怪他，这位班长连军衔标志都分不清楚，说明第一我们的相关知识教育做得不够，第二，部队首长很少下到基层尤其是伙房，工作做得不细致！"师首长们闻言都非常惭愧，无话可说。陈明仁见状便建议说，亡羊补牢犹未为晚，不如就从"错把上将当上尉"一事入手，开展军衔军纪等方面的基础知识教育。除此之外，陈明仁还亲自下到基层，切实地摸索出一套基层连队管理经验，总结出一套"坚持正面教育，依靠典型引路”的思想工作方法。第55军军容风纪大为改进，残留的军阀作风、动辄骂人、纪律松弛等现象得到纠正，部队的精神面貌积极向上，呈现出一片生动活泼、蒸蒸日上的喜人景象。《解放军报》及时地抓住了第55军这个优秀的典型，向全军推广第55军“说服教育为主，军纪处罚为辅”的连队管理教育经验，引起了强烈的反响，各部纷纷学习，掀起了一股加强军队政治思想工作的热潮。第55军在陈明仁的带领下，成为了纪律严明、作风过硬的标杆部队。

第55军士兵正在写标语

第三节　英雄千古

松涛声声，海风阵阵，立在雷州半岛遥望着对岸的金门，陈明仁常常感觉心意深沉。他在大陆的这一头驻守着祖国的海防，对面就是自己过去的师长和校友，也是曾经一起并肩抗日的战友，只是因为各自的党派和政见的不同，如今一水相隔，恍若天涯。人生已过半百，两鬓已然添霜，年来愈发的念旧，过去的恩怨已经在岁月的流逝中渐渐褪去，历尽劫波兄弟在，相逢一笑泯恩仇，他多么盼望海峡两岸重归一统，昔日的黄埔师生能够在有生之年重聚首，“把酒话桑麻”啊。

当年为了湖南和平解放曾经致信陈明仁的功臣章士钊先生，此时仍然在为了两岸统一付出努力，专程托人从香港给蒋介石带

宋希濂

去了中共的一封信，从统一祖国的大局出发，希望国共再次合作，和平解决台湾问题。信的末尾还写上了一句话：“奉化之墓庐依然，溪口之花草无恙。”乃是告诉蒋介石，浙江奉化的蒋家墓地和老宅依然完好无损，并未在革命运动中被毁。这封信对蒋介石震动很大，他思索良久，最终从海外选派了宋希濂的哥哥宋宜山到大陆去进行试探性的接触。宋宜山来到北京以后，深为祖国所呈现出来的欣欣向荣的景象而欣喜、宽慰，也深为中共的治国良策而折服，回到香港后便将大陆之行的观感写出了一万五千多字的报告转呈给了蒋介石。蒋介石一看报告，乃是想让台湾成为中共的地方自治区，心高气傲的他登时火冒三丈，决不能答应。两岸统一的事情因此便搁置了起来。

陈明仁看到无论是章士钊先生还是台湾的有识之士，为了祖国统一大业都甘冒风险，置个人得失于不顾，自己作为起义的将领，更是责无旁贷，应该为促进统一作出努力。1957 年 6 月的《解放军画报》上刊出了陈明仁一家的生活照片和他亲笔撰写的文章，照片记录了自己一家在新中国的幸福生活，而文章里则细细地讲述了自己 1949 年起义以来七年多历程中的所见所闻，字里行间饱含着一个赤子的情怀，满溢着一个爱国的公民对于海峡同胞的思念之情，渴望两岸统一的心情呼之欲出。这篇报道可谓是陈明仁从一个国民党将领到共和国三星上将的最真实、最具代表性的反映，登出以后在海内外尤其是台湾故友心中引起了深刻的影响。

然而，1958 年 8 月，正当陈明仁为南疆海防呕心沥血、日夜操劳，一心企望着台湾早日回归之时，蒋介石又在美帝国主义的

金门岛上的标语

支持下开始策划“反攻大陆”的计划，并且命令大小金门岛上的部队不断袭击福建沿海村镇。福建前线的解放军也奉命炮击金门，美国也派出军队驰援蒋军，一时两岸又是炮火纷飞，硝烟弥漫。统一受阻，陈明仁内心遗憾，命令第55军将士更是日夜练兵，严密部署。他为了思考如何更有效地布防经常辗转反侧，夜不能寐。废寝忘食、通宵达旦那些都不再是写在纸上的名词，在陈明仁这里是家常便饭。

1966年，一场铺天盖地的政治狂澜骤起，“文化大革命”在全国如同瘟疫一般蔓延开来，几乎无人能幸免。陈明仁的长子陈扬钊夫妇也被这股邪恶的浪潮卷进了黑暗的漩涡，孙子见南也被发配到乡下从事体力劳动。世态炎凉，人们能但求自保、不落井下石就已经很不错了。狂飙面前，只能自求多福。扬钊夫妇处在艰难的政治环境中可谓举步维艰、动辄得咎。陈明仁当时正驻军汕头，深知孩子们心中的苦楚，常常写信鼓励他们。他纵观大局慨然而叹，在这风急浪高、云雾弥漫的时期，个人惟有明辨是非、坚定信念方能不随波逐流、不利令智昏、不伤天害理，并且用“穷且益坚，不坠青云之志”的古训来鼓励扬钊夫妇，希望他们能够在艰难的现实中旷达淡泊，对于当下我党出现的问题要有信心，陈明仁坚信这种反常情况不可能长久下去，始终认为我们的国家和民族是有希望的。

陈明仁更是非常重视对后代的教育，绝不利用手中的特权给孩子们行方便，要求他们靠自己的努力去成长，即使是重孙辈他也会特意叮嘱孙女孙子们要把孩子培养成德才兼备的建设者，切切不可溺爱。陈见南在乡下时他总是写信鼓励孙子在乡下好好劳动锻炼的同时不要荒废文化学习，见南也没有辜负爷爷的厚望，每天要干很多繁重的体力劳动还坚持自学，1977年底考上了上海第一医学院药学系，毕业后分配在广州白云山制药厂任药剂师。

陈明仁与儿子陈扬钊（右）、陈扬铨（左）合影

陈明仁也被“文化大革命”的恶潮席卷进来了，作为起义将领加上四平之战的历史，戴着红袖章的造反派不乏理由来找陈明仁的麻烦。他们涌进陈明仁家里，打砸抢一个不落疯狂地抄家，陈明仁珍藏多年的战刀、军旗以及芳如在世时积蓄下来的黄金首饰都被造反派们洗劫一空。最离谱的是一位造反小将从箱子里搜出来一面战旗，上面绣着“还我河山”四个大字，他居然无知地指着陈明仁骂道：“老头子还想要共产党‘还我河山’，这明显是图谋不轨啊！”他很为自己的发现而洋洋得意，恨不得把面前的老将军打翻在地再踏上一只脚，造反派们也一窝蜂地起哄，撕扯着战旗！陈明仁忍不住站起来怒

目圆瞪、义正言辞地大声说道:“你们懂什么!想干什么!这面战旗是当年抗日民众送给我们的,上面都染着烈士的鲜血!这是向日寇发出的怒吼,还我河山!你们知道吗!”造反派们在陈明仁正气凛然的姿态面前败下阵来,抄完了家就狼狈地慌忙离去。陈明仁看着家里一片狼藉、破败不堪的样子,心下凄然。事情并没完,紧随而来的冲击使得陈明仁不得不挂着绿色书包、背着红语录到处避难,部队海防工作受到严重影响,难以为继,陈明仁为此忧心如焚。所幸远在中央的周总理知悉陈明仁的处境以后,立即下令第55军必须保证陈军长的人身安全和生活保障,陈明仁这才得以逐渐安定下来,在这个风雨飘摇的年代能稍微过得不那么艰难。

文革中的周恩来和江青

年事渐高的陈明仁回到长沙安度晚年以后,身体也大不如前。1972年陈明仁罹患癌症,愈见衰弱。周总理、叶剑英等中央领导和部队首长、同事都很关心陈明仁的病情,并且将其安排到北京救治,在中国人民解放军总医院即后来的三〇一医院就医,妻子肖毅也随同照顾,和医务人员一起想方设法、竭尽全力地挽救陈明仁的生命。对于自己的病情,陈明仁却颇为旷达,不仅积极配合治疗,还非常乐观,始终坚强地面对病魔。这样,病情稍有好转以后,叶剑英元帅担心陈明仁卧床多日闷得慌,便建议他去杭州游玩一趟,顺便可以看看次子扬铨。陈明仁一听之下大为欣喜,向妻子肖毅征求意见,肖毅含笑答应。来到杭州以后,一路湖光山色、风景宜人,陈明仁还专程去岳飞墓前拜谒,圆了一场小时

杭州岳王庙岳飞墓

候的"岳家军"之梦。回想起父亲昔日的教导便是以岳飞为例，要求他"精忠报国，功在千秋"，如今面对这"青山有幸埋忠骨，白铁无辜铸佞臣"的先贤墓祠，陈明仁也可以俯仰无愧于天地之间了。

回京之后不久，陈明仁的病情急转直下，当时自己也身患癌症的周总理还不忘关心陈明仁的病情，指示三〇一医院一定要不惜代价尽全力抢救陈明仁将军。陈明仁闻知病中的总理仍然如此无微不至地关心着自己，感动得无以复加。奈何正是生死有命，天妒英才，即使医务人员千方百计想要挽留住老将军的生命，最终也敌不过病魔的肆虐。陈明仁将军弥留之际还不忘叮嘱妻子肖毅，如果有一天"文革"期间被抄走的财物能归还，请肖毅交给国家以尽自己最后一份报效祖国的心意。在场之人无不为将军这份赤诚之心潸然泪下，泣不成声。

1974 年 5 月 21 日，陈明仁溘然长逝，中国近代史上一颗璀璨的将星陨落。陈明仁一生征战沙场，东征首战成名，浴血抗日，举义潇湘，广西剿匪，海疆驻防，为了祖国和民族大义奉献了毕生的精力，如今，他静静地躺在洁白的花丛中，覆盖着火红的军旗，穿着他一辈子挚爱的军装，带着人们无限的哀思。《人民日报》、《解放军报》头版头条发布了陈明仁去世的消息："新华社1974年5月25日讯，全国人民代表大会代表、中国人民政治协商会议全国委员会常务委员、国防委员会委员陈明仁先生，因病医治无效，于1974年5月21日在北京逝世，终年71岁……"

陈明仁将军骨灰迁回家乡

1974年5月25日下午，陈明仁将军的追悼会在八宝山革命公墓礼堂隆重举行，党和国家领导人纷纷到场缅怀陈明仁将军。

巍巍黄埔名将，英雄千古！人民会永远记住他的历史功勋。

陈明仁大事年表

1903 年　1 岁

4 月 7 日，出生于湖南省醴陵市洪源乡一个农民家庭。

1910 年　8 岁

入私塾，学习勤奋刻苦，深得先生喜爱。

1913 年　11 岁

进新式学堂。

1916 年　14 岁

秋，娶妻谢芳如。

冬，母亲去世，从私塾辍学。

1919 年　17 岁

10 月，考入长沙兑泽中学。

1922 年　20 岁

以优异成绩从兑泽中学毕业，回到醴陵县洪源乡，在白兔潭小学担任小学教员。

1924 年　22 岁

春，投笔从戎，考入军政部讲武学校。不久，讲武学校与黄埔军校合并。

11 月 19 日，入黄埔军校。

1925 年　23 岁

1 月，从黄埔军校第一期毕业，任黄埔教导第 2 团第 2 营见习排长。接连参加第一、二次东征等重大战役，征讨粤军陈炯明、滇军杨希闵、桂军刘震寰等反动武装。在东莞一役中身先士卒，勇夺制高点，以一排人缴获对方一营人的枪，立大功。

10 月 15 日，在攻打惠州战役中，带病冲锋，担任敢死队长，冒着炮火爬云梯攻上易守难攻的惠州城墙，将国民党旗帜插上城楼。战后因功升为少校营长。后奉蒋介石之命回黄埔军校任教。

1926 年　24 岁

6 月，国民革命军开始北伐。攻打南昌时，国民革命军陷入军阀孙传芳部的重围，情形十分危急。陈明仁奉命率部解围，以急行军速度轻装上阵，杀进孙传芳部包围之中，缓解了总部的危局，此役当场俘虏孙传芳部一个团长。

随后，陈明仁建议利用被俘的团长为革命国民军引路攻打南昌城，得到总部采纳而奏效，初步显露其军事才干。

1927 年　25 岁

升调为黄埔军校学生队上校队长。

1928 年　26 岁

追随国民党、蒋介石参加反革命内战，荣升为第 10 师 28 旅 56 团上校团长。

1930 年　28 岁

在蒋介石、冯玉祥、阎锡山军阀混战中，升任陆军第 3 师独立旅旅长兼郑州警备司令，竭力为蒋介石征战效劳。

1931 年　29 岁

率部在河北巨鹿与石友三部主力作战，大败石友三部，擢升为第 80 师副师长兼第 238 旅旅长。

1933 年　31 岁

9 月，升任第 80 师中将师长。

后入庐山军官训练团学习，任第一大队副大队长兼中队长。

1934 年　32 岁

从庐山军官训练团毕业，被降职使用，先后任第 2 师参谋长、军事委员会参议等职。

11 月，率部围剿鄂豫皖苏区红军。

1935 年　33 岁

到陆军大学第 13 期学习，学期三年。

1938 年　36 岁

春，从陆军大学毕业。得到国民政府军政部长何应钦的赏识，分配到军政部当中将部附，作为点验主任负责点验湘、赣、浙三省国民党军部队。

6 月，调任预备第 2 师师长。随后移驻湖南，先担任长沙地区的警备，后兼任芷江警备司令，湘潭、株洲警备司令，衡阳、衡山、耒阳警备司令。

7 月，率预 2 师参加武汉会战中的九江防御战。激战之中，预 2 师 6000 将士，伤亡 2000 多人，仍坚守阵地。九江之战，国民党军有 8 个师在战斗中被打垮，唯预 2 师的英勇作战受到蒋介石嘉奖。

1939 年　37 岁

秋，移驻湖北松滋、枝江。

冬，率预2师开赴广西参加桂南会战

1940年　38岁

春，亲率官兵血战昆仑关，夺取324高地，为中国军队占领了一个重要的制高点，为中国军队夺取昆仑关战役的大胜做出了重要贡献。

1941年　39岁

冬，改任第71军副军长。

1943年　41岁

盟军在印度加尔各答建立中国远征军高级军事训练班，陈明仁率领首批受训军官参训。回国后，被任命为驻滇干部训练团副教育长，参与主持远征军基层军官的训练工作，为参加大反攻做准备，加强军官教育和部队的技战术训练。

10月，陈明仁所在的第71军编入中国远征军第11集团军，奉命在滇西反攻，以打通滇缅公路。

1944年　42岁

9月，陈明仁率部参加滇西中缅边境的松山、龙陵、回龙山诸战役。

日军强渡怒江后，开始进攻滇西。陈明仁以副军长名义指挥71军，主攻龙陵，经过大小几十次激烈战斗，龙陵守敌2000敌人大部被歼。

11月6日，攻克龙陵城。战后，陈明仁接任第71军军长。

1945年　43岁

1月，率部主攻回龙山，歼守敌800余人。随后，协助友军攻克中缅边界重镇畹町。

随后，挥军云贵高原，进军广西，反攻湘桂，收复柳州、桂林。

日军投降后，陈明仁部被调往无锡，接受日军渡边师团的投降。

受降后，陈明仁军部移驻上海闸北，奉命担任南京、上海的卫戍任务。

1946 年　44 岁

1 月，第 71 军奉命开往东北进攻解放军。

6 月，第 71 军退守四平，抵抗解放军的围攻，30 日，解放军撤围。

1947 年　45 岁

夏，率部固守四平，与林彪部展开激战。陈明仁以少数兵力坚守四平，巷战 19 昼夜，林彪部撤离。战后被蒋介石擢升为第 7 兵团司令官。

不久即被撤职，调任南京总统府任中将参军。

1948 年　46 岁

7 月，就任华中“剿总”副总司令兼武汉警备司令，旋又兼任第 29 军军长。不久，新恢复的 71 军与 29 军合编为第 1 兵团，陈明仁为司令官。

1949 年　47 岁

2 月，率部回湖南，兼任长沙警备司令。

7 月 21 日，代理湖南省主席、湖南省绥靖总司令兼省保安司令。

8 月 4 日，程潜、陈明仁领衔通电起义，将第一兵团改为中国国民党人民解放军第一兵团，陈明仁任兵团司令官，并兼湖南省政府临时主席。

9月，应邀赴北京参加中国人民政协协商会议第一届全体会议。

10月1日，与共和国国家领导人一起登上天安门城楼参加开国大典，普天同庆新中国的诞生。

12月2日，陈明仁所部7万余人整编为两个军6个师，改称中国人民解放军第21兵团，陈明仁任兵团司令。

1950年　48岁

2月，率兵团司令部从浏阳移驻醴陵，全军集中整训。

4月，妻子谢芳如去世。

12月中旬，奉中南军区命令，率部进驻桂南，担负小瑶山及周围的四十八弄、同正、隆安、百色等地的剿匪任务，经过5个月的战争，共歼灭土匪3万多人。

1952年　50岁

1月，第21兵团司令部改组为水利工程部队司令部。

8月，续娶肖毅为妻。

10月，改任第55军军长。不久，率部开赴广东湛江，担负守卫祖国南大门的光荣任务。

1955年　53岁

9月27日，被授予上将军衔，获一级解放勋章。曾先后担任中南军政委员会委员，中华人民共和国国防委员会委员，当选为第一届、第三届全国人民代表，中国人民政治协商会议和第一届全国委员会委员，第三届、四届常务委员会委员，首届、二届湖南各界人民代表会议协商会常务委员，第一届、二届、三届湖南省人大代表。

1958年　56岁

初夏，粤西、桂南开始进行国防工程施工，按苏联专家提出的一线防御思想进行设计。陈明仁根据长期战争实践经验和中国现代化国防建设的要求，对苏联专家的意见表示异议，坚持应该搞纵深工事、梯次防御。经过实践证明，陈明仁的意见是正确的。

1961年 59岁

冬，蒋介石阴谋反攻大陆，沿海防御工程要求确保桂林的安全，在蒙山县设点防御。陈明仁根据在抗日战争中曾在广西作战的经验，熟悉地形，提出防守桂林必守荔浦，因为荔浦是广西交通要冲、历代兵家必争之地，在荔浦设点可以堵住入侵之敌。他在国防建设中提出了很多很好的建议，显示了优秀的军事才能。

1969年 67岁

因慢性风湿病一再发作，提出申请，经中央军委批准离职休养，回湖南长沙安度晚年。

1974年 72岁

5月21日，因患癌症医治无效与世长辞，终年72岁。

5月25日下午，陈明仁将军的追悼会在八宝山革命公墓礼堂隆重举行，党和国家领导人纷纷到场缅怀陈明仁将军。

2009年

8月2日，陈明仁将军的骨灰由其长子护送，从北京八宝山革命公墓迁回湖南岳麓山，与原配夫人谢芳如合葬在一起。

参考文献

1. 胡峰青、陈猛著:《兵家虎将: 陈明仁传》, 长江文艺出版社 1997 年版。

2. 钟德灿著:《名将陈明仁》, 上海文艺出版社 1990 年版。

3. 陈利明著:《陈明仁将军传》, 解放军出版社 1989 年版。

4. 周全著:《黄埔将帅陈明仁》, 长征出版社 1995 年版。

5. 张子申、罗元生著:《三位特殊的开国上将: 董其武陶峙岳陈明仁的精彩人生》, 解放军出版社 2003 年版。

6. 李佑军著:《策反英雄》, 解放军出版社 2009 年版。

7. 陈扬钊著:《回忆父亲陈明仁》,《湖南文史》2000 年第 5 期。

8. 于冠礼著:《抗日名将陈明仁的戎马一生》,《文史春秋》2005 年第 11 期。

9. 马宏骄著:《陈明仁: 从国军中将到我军上将》,《党史天地》2004 年第 5 期。

10. 钟德灿著:《爱国将领陈明仁》,《湖南档案》1989 年第 6 期。

11. 士湘著:《陈明仁与长沙和平解放》,《档案时空》2004 年第 3 期。

12. 韩耀旗著:《大义昭著溥海欢迎——陈明仁的人生抉择》,《决策与信息》1998 年第 1 期。

13. 侯文强著:《陈明仁将军戎马生涯三部曲》,《党史博采》2006 年第 3 期。

后　记
人生关键时刻往往只有几步

回眸百年历史风云，民国时代的黄埔军校一期生，绝大多数后来都叱咤风云的国共两党高级将领。虽然近代史上黄埔一期生中将星闪烁，但大都是在北伐之际才崭露头角，而在北伐革命之前就名闻天下的，也就只有陈明仁一人。

陈明仁从小敬佩蔡锷，敬佩朱德，立志爱国强兵。1925 年 10 月，广州国民政府讨伐陈炯明，打响惠州之战，黄埔军校校长蒋介石亲自督阵，陈明仁时任第 2 师第 4 团第 3 连连长，带病争当敢死队长，高擎战旗，一马当先，第一个冲上惠州城头。陈明仁表现之勇猛，大振黄埔革命军之士气，大扬黄埔革命军之军威。惠州之役凯旋之际，蒋介石当即任命他为第 3 营营长，命令吹军号三遍，全军上下举枪向陈明仁致敬，带头高呼："向陈明仁看齐!"

木秀于林，风必摧之。在军界成名甚早的陈明仁显然成了众人的眼中钉，他之后的军旅生涯甚为不平坦，起起又落落，一波还三折。

1933 年 9 月，陈明仁凭借卓著战功升任陆军第 80 师中将师长，率部参与"围剿"闽赣边区的红军，因对上司蒋鼎文的作战计划持有异议，引起蒋鼎文的忌恨。陈明仁被蒋鼎文借故免去师长之职，又被蒋介石编入庐山军官训练团学习。1935 年，又派到陆军大学第十三期"深造"。

乱世本是建功立业的好机会，而陈明仁这冷板凳一坐就是 5 年，到了 1938 年 6 月，他终于得到了一个实职，出任新组建的预2师师长。预2师原系贵州军阀王家烈的部队，战斗素质极差。陈明仁上任后，预2师仅仅军训一个月，战斗力就显著增强。

自古以来，有血性的军人的舞台就在战场，陈明仁主动请缨参与对日作战。1938年7月，预2师参加武汉会战中的九江防御战，陈明仁鼓舞士气，斗志昂扬："日本侵略者毁我中华，践踏河山，我们岂能坐视？我们要为党国争气，与九江共存亡！"面对日军的猛攻，鄱阳湖周围几个装备良好的正规师溃不成军，一线阵地纷纷陷落。预2师6千官兵以"誓与庐山共存亡"的决心坚守庐山不撤，顽强抗击日军一波又一波的进攻，将一支杂牌军打成了王牌军。

人怕出名猪怕壮，预2师本是杂牌军，不入流，被人瞧不起，如今打成了王牌军，也有苦恼。蒋介石决定把预2师并入第44师，任命陈明仁为第44师师长。不料素来与陈明仁不和的陈诚却从中作梗，陈明仁再度被调回军政部坐冷板凳。不久，在何应钦的运作下，陈明仁得以掌控新组建的预2师。

战场方显英雄本色。1940春，陈明仁率预2师赴广西参加桂南会战。预2师与日军激战七天，率先攻占昆仑关上日军阵地，为国军全歼中村正雄旅团立下第一功。昆仑关之战，预2师伤亡7千有余几近过半之际，仍死战不退，直到上级命令撤退才撤出战场。桂南会战后，参战各路将领大都因作战不力受到处分，唯独陈明仁受到蒋介石的嘉奖。

1941年冬，预2师奉命开往云南，由于纪律严明，受到国民党中央参谋团和云南行营的嘉许。但是，不善揣摩上意的陈明仁很快又因为无关紧要的"军装事件"丢了预2师的指挥权，改任有名无实的第71军副军长。

一将功成万骨枯，从来马革裹尸还。陈明仁被冷冻三年，到了1944年，终于有机会再次率部对日军作战，他以副军长名义指挥第71军从惠通桥、攀枝花渡过怒江，主攻龙陵。经过大大小小的几十次激战，最终攻克龙陵，日军松井旅团长战败后剖腹自杀。随后，陈明仁升任第71军军长。

内战爆发后，陈明仁指挥的第 71 军作为国军王牌的远征军和驻印军被率先送往内战前线东北。争夺东北之际，四平一战，陈明仁撒豆成兵，林彪被迫撤退。在国民党军退之际，四平之战是解放战争中少有的国军守城成功典范，一时震动全国。国民政府在沈阳召开祝捷大会，陈明仁被授予青天白日勋章，升任第 7 兵团司令官。

战场是真刀实枪的战场，而官场则是冷枪暗箭的战场。从来明枪易躲，暗箭难防。陈明仁打了胜仗升了官，却未能得意多久，因为“联合国善后救济总署面粉大米工事”事件和“纵兵抢粮”的恶意攻击而被蒋介石撤了职，调任总统府中将参军，有职无权。

陈明仁打了胜仗却被明升暗降，成了光杆司令，而汤恩伯、刘峙、胡宗南等常败将军则步步高升。蒋介石如此做法陈明仁怎么会想得通呢？蒋介石这样对待有功之将陈明仁，自然不得人心，也为陈明仁后来向共产党投诚埋下了伏笔。后来，蒋介石及国民党当局大骂陈明仁忘恩负义，却忘记了陈明仁多次立下赫赫战功，却始终未得重用，反而多次被架空，被去职，被冷冻，被暗算。

其实，陈明仁与共产党素无来往，四平之役又与解放军结下血海深仇。可是，陈明仁当了总统府中将参军，去了实职，赋闲在家，有了时间，倒给了“亲共分子”们可乘之机。

造化弄人，历史往往是阴差阳错、事与愿违的集合体。陈明仁心中虽对蒋介石政府很不满，倒也未必真想投共，而蒋介石的一个命令却把他彻底推向了共产党阵营。蒋介石的命令对陈明仁本是一件好事，却发在了错误的时间错误的地点，最终为陈明仁的改弦易辙创造了绝妙的条件和机会。

当时，应桂系军阀白崇禧之邀，陈明仁已赴武汉就任华中“剿总”副司令兼武汉警备司令部和第 29 军军长。蒋介石的命令是成立第 1 兵团，陈明仁为兵团司令官，下辖第 71 军和第 29 军。蒋介石给第一兵团的任务很明确很具体，就是守住湖南。1949 年 2 月，第 1 兵团司令官陈明仁率第 29 军、第 71 军到湖南编训。

保卫家乡可以激励士气。用湖南人来守湖南是蒋介石调兵遣将的得意之作，所以湖南省主席也是湖南人程潜。但是，用湖南人来守湖南，蒋介石的这一着棋却是一招臭棋。保家卫国，在反击日寇是很有用的，在打内战时就大不一样了。

在国民党大势已去的形势下，陈明仁和程潜，这两个湖南老乡，为了不做破坏家乡的罪魁祸首，不约而同地萌生了脱离蒋介石政权、走和平解放湖南道路的心愿，并最终走到了一起。他们认为，身为湖南人的毛泽东也不愿在自己的家乡湖南境内大打出手，这就使得湖南和平解放有了成功的基础。

在蒋介石视为固若金汤的“长江防线”迅速崩溃之后，白崇禧率桂系及其他军队入湖南，40 多万桂系人马盘踞湖南，一方面对陈明仁和程潜两人的“投共”动作构成了巨大的威胁，另一方面，桂系这些广西人想在湖南境内与解放军打一仗，以此保全广西的说法却不胫而走，这就使湖南人普遍对白崇禧的“客军”不满。结果呢，白崇禧前脚刚一迈出长沙，陈明仁和程潜就刻不容缓宣布起义，和平解放湖南。至此，陈明仁终于走出了他一生中最为关键的一步。

汪德春

2013 年 11 月 22 日